소피반의
쓸만한 영어

비밀과외 ₁교시

SECRET LESSONS INVITATION

Dear _____

영어앞에서 당당하세요.

제가 여러분의 손을 잡아드리겠습니다.

매주 2회 소피반의 비밀과외 온라인 수업에

초대합니다

자세한 수업은 소피반 채널에서 확인해 주세요.

Sophie Bom

"안녕하세요, 여러분!
소피반입니다."

오늘도 영어 앞에서 기죽지 않고
당당해지기 위해 노력하는 여러분을
응원하며 이렇게 펜을 들었습니다.

여러분, 통역사들이 영어를 하는 모습을 보면서 의외로 '어? 나도 아는 쉬운 단어를 많이 쓰는데?'라든가, 미국 교포들이 이야기할 때 '어라? 나는 복잡하게 생각했는데 엄청 간단하게 말하네?'라고 느껴본 적이 있으신가요?

그러면, 여러분도 그렇게 어렵지 않은 말로 통역사와 교포만큼 내가 하고 싶은 말을 **영어로 할 수 있습니다.**
단! 기존의 공부법과는 다른 **새로운 트레이닝이 필요합니다.**

이제는 단문 암기와 패턴 영어에서 벗어나
정말 **"여러분이 하고 싶은 이야기"**를 하셔야 합니다.

이미 여러분이 가지고 있는 기본적인 단어와 표현만으로도
얼마든지 여러분이 하고 싶은 이야기를 영어로 할 수 있습니다!

지난 20년간의 티칭과 미국에서 현직 전문 통역사로서의 경험을 토대로 한국 영어 학습자분들께 '중학교 때까지 배운 영어만으로도 영어를 잘 할 수 있다'는 것을 보여드리고 싶었습니다. 모든 것이 빠르고 눈부시게 발전하고 변화하는 한국에서 유일하게 '제자리걸음'인 영어 학습에 변화를 주고 싶었습니다. 그리고 이제는 영어를 단지 '학

습자 입장'에서 외우고 시험용으로 쓰는 것이 아닌, 내 뜻을 최대한 정확하게 전달하는 '전달자 입장'에서 용기내어 해보겠다는 분들을 진심을 다해 응원하고 이끌어 드리고 싶은 마음으로 이 책을 준비했습니다.

막상 실제 미국 현지 원어민들과 마주하게 되면 1분 이상 내가 하고 싶은 이야기를 막힘없이 이어가기란 넘기 힘든 벽으로만 느껴질 때가 허다합니다. 초등학교 때부터 취업까지 평균 15년 이상 영어 공부를 했고, 좋은 성적으로 외국계 회사에 들어가고, 꿈꾸던 미국에서 일할 기회가 생겨도, 막상 원어민과 함께하는 프레젠테이션과 미팅이 있는 날에는 아침 출근길부터 심장이 뛰는 소리가 귀에 들리고 퇴근 후 내 존재가 너무도 작게만 느껴졌다는 이야기를 영어 학습자분들께 많이 듣습니다.

우리 정말 이래야 할까요?
얼마나 더 많은 시간과 노력, 돈을 써야 도대체 이 영어가 될까요?
왜 이렇게 똑같은 굴레에서 벗어나기가 힘든 걸까요?

수십 년을 해도 안됐던 이유는
"안되는 방법"으로 했기 때문입니다.

수십 년을 해 왔기에 익숙한 것이 좋은 것만도 아닙니다. 오히려 '관성'이 생겨서 우리를 새로운 돌파구로 나아가지 못하게 발목을 잡을 수 있습니다.

'학습자' 입장에서의 수동적인 공부 방법을
'전달자' 입장의 능동적인 영어로 바꾸는 변화가 필요**합니다.**

무조건 외우고, 또 외우고, 그러다가 조금만 문장이 길어지면 외우기 힘드니까 포기하는 공부가 아닌, 이미 배운 기본 어휘와 표현, 문법 등을 응용해서 내 생각과 의견을 말할 줄 아는 전달자가 되어야 합니다. 중학교 때까지 배운 영어만으로도 우리는 할 수 있습니다!

여러분을 그런 길로 이끌어드리고 싶어서 이 책을 준비했습니다.

우리가 자주 접할 수 있는 생활밀착형 이야기를 토대로
최대한 어떻게 한국어와 영어 간의 간극을 좁히면서
영어로 정확하게 전달할 수 있는지 가이드해 드리겠습니다.

단지 영어적인 지식뿐만 아니라 효율적인 전달 방법을 위한 스킬도 익힐 수 있기 때문에, 이 책을 마친 후에도 스스로 공부할 수 있는 가이드라인을 잡는 데 도움이 될 거라 믿습니다.

우리가 영어 원어민에게
'말하고자 하는 뜻을 최대한 정확하게 전달한다'는 입장에서
가장 기본적인 통역 스킬을 기반으로 하여 책을 집필하였습니다.

단어 하나, 문장 한 줄을 쓰면서도 부디 우리 한국 영어 학습자분들께 실질적인 도움이 되기를, 한마디를 해도 당당하게 말할 수 있는 힘이 되기를 바라며 썼습니다.
제가 전해드리고 싶은 진심이 조금이나마 울림이 되어 그동안 지친 영어 학습자분들께 전해지길 바랍니다.

당당하게 영어를 하는 여러분의 모습을 꿈꾸며

미국 조지아에서
Sophie Ban 드림

똑똑하게 과외 받는 STUDY GUIDE

Episode
___월___일 ☀ ☁ ☂ ☃

18 어떻게 BTS를 모를 수가 있겠어요

🔊 앵커 멘트   K-POP은 한국의 국제적인 위상에 기여하고 있는데요. 대체로 10대 중심으로 매니아층이 형성되어 소비를 주도하고 있습니다.

🎙 인터뷰   미국 중학교를 다니고 있는 한국 교포 학생

만약 한국 사람이란 것을 자랑하고 싶으면 BTS를 말하면 딱 좋아요. 어떻게 BTS를 모를 수가 있어요. 그건 마치 긴첩같은 사람이죠. 제 주변에 있는 사람들은 다 알고 있고, 정말 좋아해요!

❶ 에피소드 문장을 통해 화제 파악하기

일상에서 얼마든지 할 수 있는 말을 나도 말할 수 있는 영어로 충분히 표현할 수 있어요! 표현을 따로 외우는 게 아니라, 메시지에서 내 안의 언어(내가 알고 있는 표현)로 꺼내 쓸 줄 알면 돼요!

❷ 앵커 멘트를 통해 문맥 상황 파악하기

문맥을 파악한 후 화자의 말을 이해하면 화자가 말하고자 하는 의도와 행간에 숨겨진 의미를 더욱 쉽게 파악할 수 있어요!

❸ 인터뷰 대상을 통해 화자 파악하기

한국어에는 주어를 빼고 말하는 경우가 상당히 많은 반면 영어에서는 주어를 분명히 밝혀 주고 있어요. 따라서 화자가 누구인지 먼저 파악한 후 인터뷰 내용을 이해하도록 하세요!

❹ 인터뷰를 통해 내용과 의미(문장의 속뜻) 파악하기

원문 내용의 요약이 아닌 있는 그대로 전달해야 하기 때문에 내용과 의미(문장의 속뜻)를 파악하는 것이 중요해요! ⇒ ❺

한국어 원문에 대한 이해가 이렇게 중요한 거였어?
원문 내용을 이해하고 의미를 파악하는 법 익히기!

- 원문 내용을 가감 없이 최대한 정확한 메시지로 그대로 전달하는 것이 중요해요!
- 기억에 의존해서 메시지를 전달하는 것이 아닌 내가 할 수 있는 쉬운 말로 정리해서 전달하는 연습이 필요해요!
- 문맥 안에서 문장의 속뜻이 파악되면 화자가 전하고자 하는 핵심 메시지가 명확해져요!

한국어로 키워드 적어 보고 말해 보기
원문 내용을 사건순서/인과관계에 따라 키워드를 적어 보고 최대한 똑같이 한국어로 말해 보세요.

이해도 체크하기 ✓   문맥 상황 ☐   화자의 의도/핵심 포인트 ☐   행간 의미 ☐

_____

_____

_____

---

❺ 한국어로 키워드 적어 보고 말해 보기

　a. 이해도 체크하기! ❶~❹에 해당하는 이해 여부를 체크해 보세요.

　　이해도 체크하기 ✓   문맥 상황 ☐   화자의 의도/핵심 포인트 ☐   행간 의미 ☐

　b. 원문 내용을 사건 순서 및 인과관계에 따라 키워드를 적어 가며 내용의 흐름을 파악하세요.

　　- 주제와 뒷받침하는 아이디어 파악하기(문맥잡기)

　　　▶ 핵심 주제(상황 맥락) → 핵심 포인트/메시지 → 핵심 포인트를 뒷받침하는 자세한 사항 → 결론의 순서대로 키워드 적어 보기

　　- 애매한 한국어는 내가 알고 있는 쉬운 단어로 활용하기

　c. 키워드를 떠올리며 나에게 편한 한국어로 말해 보세요.

　　▶ 내용 요약이 아닌 있는 그대로의 내용을 문맥을 잡고 말하기

어라? 이런 부분에서 막히네!

⑥ 내가 직접 영어로 작성해 보고 말해 보기

힌트 어휘를 참고하여 직접 영어로 원문의 내용과 의미를 최대한 정확하게 풀어 보세요. 직접 작성해 보면 막히는 부분이 보다 쉽게 인지될 거예요.

> **영어로 작성해 보고 말해 보기**
>
> 한국어 원문 메시지를 최대한 가까운 뜻의 영어로 작성해 보고 말해 보세요.
>
> ❶ 만약 한국 사람이란 것을 자랑하고 싶으면 BTS를 말하면 딱 좋아요. [if절 활용]
>
> ──────────────────────────────────
>
> ❷ 어떻게 BTS를 모를 수가 있어요.
>
> ──────────────────────────────────
>
> ❸ 그건 마치 간첩 같은 사람이죠. 제 주변에 있는 사람들은 다 알고 있고, 정말 좋아해요!
>
> [live under a rock]
>
> ──────────────────────────────────
>
> ──────────────────────────────────
>
> brag 자랑하다   how could ~? 어떻게 ~할 수 있어요?   literally 말 그대로, 정말로   around 주변의

아! 이렇게 쉬운 뜻으로 말하면 되었던 것을!

⑦ 한국어 의미를 보다 쉬운 말로 풀어내기

원문의 의미를 내가 말하기 편한 쉬운 한국어로 어떻게 풀어내고 영어로 표현할 수 있는지 확인해 볼 수 있어요. 짚고 넘어가야 할 영어 표현은 색깔 글자로 표시해 두었어요.

> **나도 말할 수 있는 영어로 스토리텔링하기**
>
> 원문 메시지를 파악하고 영어로 표현하는 방식을 이해하면서 스토리텔링을 해 보세요.
>
> 만약 한국 사람이란 것을 자랑하고 싶으면 BTS를 말하면 딱 좋아요.
>
>
>
> 한국인으로 / 만약 당신이 자랑하고 싶다면 / BTS를 아는지 물어보세요.
>
> As a Korean, if you want to brag,
> ask them if they know who BTS is.

오! 알고 보면 중학교 때 배운 영어 단어와 문법만으로 되네!

❽ 영어로 표현하는 방식 이해하기

a. 문장 어순
- 의미 단위로 영어 어순이 정리되어 있어요.
- 한국어 문장에서 생략된 주어와 목적어를 영어 문장에서는 반드시 밝혀 줘야 해요.
- 필요시 정확한 메시지 전달을 위해 숨은 행간의 의미를 풀어 줘야 해요.

b. 문장 도출
- 내 안에 인풋되어 있는 언어 표현/문법이 자연스럽게 아웃풋될 수 있도록 정리되어 있어요.
- 설명을 따라가다 보면 자연스럽게 영어로 표현하는 방식이 이해가 되고 머릿속에 정리가 될 거예요.

문장 어순 한국인으로 / 만약 당신이 / 자랑하고 싶다면 / 그들(사람들)에게 물어보아라 / 그들(사람들)이 BTS를 아는지

문장 도출

① If you want to+동사원형, 명령문. = ~하기 원한다면, ~해 보세요.
   * 원어민들은 If절을 쓸 때 해당 내용이 가정인지, 조건인지 여부를 따지기 보다는 현실 가능성이 있으냐 없느냐를 따진 후 가능성이 있는 경우라면 자신이 말하고자 하는 시제로 편하게 표현해요.

② as a Korean = 한국인으로(서)
   * as+자격(신분 · 지위) = ~로서, ~라고
   brag = 자랑하다
   * 많은 자부심을 보이면서 본인/가족, 업적/성과, 자원 등에 대해 자랑스럽게 이야기할 때 사용해요.
   as a Korean, if you want to brag = 한국인으로(서) 자랑하고 싶다면

③ ask+대상+if+주어+동사 = ~(누구)에게 주어가 ~한지 아닌지 물어보아라
   ask them if they know+who BTS is
   = 그들(사람들)에게 BTS(가 누구인지)를 아는지 (모르는지) 물어보아라

> ▶ As a Korean, If you want to brag, **ask them if they know** who BTS is.
> = 한국인으로 자랑하고 싶다면 BTS를 아는지 물어보세요.

c. 한 에피소드당 총 3개의 의미 표현(문장 단위)으로 구성되어 있어요.

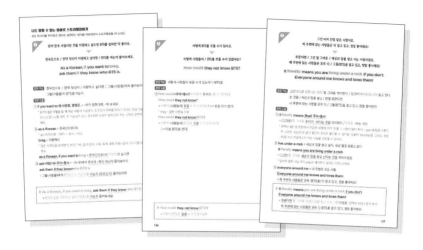

이야! 나도 이제 영어로 스토리텔링이 되네!

❾ 영어로 써 보면서 정리하기

한국어 원문을 직접 영어로 옮겨 써 보며 학습한 내용이 제대로 이해됐는지 점검하면서 머릿속에 정리해 보세요. 이제는 자연스럽게 써지는 영어 문장과 ❻에서 처음 작성해 본 영어 문장과의 차이를 보며 성취감도 느껴질 거예요.

⑩ 최대한 자연스럽게 영어로 말해 보기

Step1 전체 문단을 원어민 음성으로 들어보기

자연스러운 메시지 전달이 되기 위한 말하기 속도, 억양, 강세, 리듬감, 끊어읽기, 연음 등을 주의해서 들어보세요.

Step2 한 문장씩 원어민 음성을 듣고 따라 말해 보기

1st – 천천히 따라 말하기
2nd – 중간 속도로 따라 말하기
3rd – 일상 회화 속도로 따라 말하기

Step3 문단 전체를 쉐도잉하기

내가 하는 말처럼 메시지 전달에 중점을 두며 말해 보세요.

최대한 자연스럽게 영어로 말해 보기

MP3를 듣고 따라 하면서 내가 하는 말처럼 자연스럽게 메시시를 전달해 보세요. 🎧 18

❶ As a Korean, if you want to brag, ask them if they know who BTS is. ❷ How could they not know BTS? ❸ It literally means you are living under a rock if you don't. Everyone around me knows and loves them!

▶ **유튜브 영상 수업**으로 똑똑하게 과외받기!

똑똑하게 과외 받는 CONTENTS

MY STUDY PLAN

하루에 한 에피소드씩 30일 학습!
학습한 날짜를 쓴 후 자신만의 학습 키워드 및 문구를 메모해 보세요!

EPISODE 1	EPISODE 2	EPISODE 3	EPISODE 4	EPISODE 5
Date. /	Date. /	Date. /	Date. /	Date. /
Memo	Memo	Memo	Memo	Memo

EPISODE 6	EPISODE 7	EPISODE 8	EPISODE 9	EPISODE 10
Date. /	Date. /	Date. /	Date. /	Date. /
Memo	Memo	Memo	Memo	Memo

EPISODE 11	EPISODE 12	EPISODE 13	EPISODE 14	EPISODE 15
Date. /	Date. /	Date. /	Date. /	Date. /
Memo	Memo	Memo	Memo	Memo

It's never too late to start learning English!
언제든 영어를 다시 배우는데 늦은 때는 없답니다!

EPISODE 16	EPISODE 17	EPISODE 18	EPISODE 19	EPISODE 20
Date. /	Date. /	Date. /	Date. /	Date. /
Memo	Memo	Memo	Memo	Memo

EPISODE 21	EPISODE 22	EPISODE 23	EPISODE 24	EPISODE 25
Date. /	Date. /	Date. /	Date. /	Date. /
Memo	Memo	Memo	Memo	Memo

EPISODE 26	EPISODE 27	EPISODE 28	EPISODE 29	EPISODE 30
Date. /	Date. /	Date. /	Date. /	Date. /
Memo	Memo	Memo	Memo	Memo

PART 1

생 활

01 코로나 이후 처음 가는 여행이라 신나요

> 🔊 앵커 멘트　코로나19로 까다로웠던 각국의 입국 규제가 속속 풀리자 여행객의 발길이
> 이어지고 있습니다.
>
> 🎤 인터뷰　입국 수속 중인 4인 가족의 엄마
> 코로나로 인해서 3년 동안 국내에만 있다가 처음으로 해외로 나가게 됐는데요.
> 행선지는 태국으로 가게 됐고, 너무나 설레고 기대가 되고...

한국어로 키워드 적어 보고 말해 보기

원문 내용을 사건순서/인과관계에 따라 키워드를 적어 보고 최대한 똑같이 한국어로 말해 보세요.

이해도 체크하기 ✔　문맥 상황☐　화자의 의도/핵심 포인트☐　행간 의미☐

_____

_____

_____

영어로 작성해 보고 말해 보기

한국어 원문 메시지를 최대한 가까운 뜻의 영어로 작성해 보고 말해 보세요.

❶ 코로나로 인해서 3년 동안 국내에만 있다가 [because of ~+주어+동사]

_____

❷ 처음으로 해외로 나가게 됐는데요. [this is one's first time V-ing]

_____

❸ 행선지는 태국으로 가게 됐고, 너무나 설레고 기대가 되고... [문장+and+문장]

_____

_____

stay 계속 (머물러) 있다　　destination 행선지　　go abroad 해외로 가다　　past+숫자+year(s) 지난 ~년

나도 말할 수 있는 영어로 스토리텔링하기

원문 메시지를 파악하고 영어로 표현하는 방식을 이해하면서 스토리텔링을 해 보세요.

코로나로 인해서 3년 동안 국내에만 있었어요.

코로나 때문에 / 지난 3년 동안 / 국내에 있어야만 했어요.

Because of Covid 19,
I **had to** stay in Korea for the past 3 years.

문장 어순 코로나 때문에 / 나는 국내에 있어야만 했다 / 지난 3년 동안

문장 도출

① because of+이유 = ~ 때문에

　because of Covid 19 = 코로나 때문에

② have to+동사원형 = ~해야만 한다 (무조건 해야 하는 상황)

　stay = (한자리에) 계속 있다, 머무르다

　stay in+장소 = (밖으로) 나가지 않고 ~에 (머물러) 있다

　I had to stay in Korea.

　= (나는) 한국에 (머물러) 있어야만 했다. → 국내에만 있었다.

③ for the past+숫자+year(s) = 지난 ~년 동안

　for the past 3 years = 지난 3년 동안, 3년간

▶ Because of Covid 19, I had to stay in Korea for the past 3 years.

　= 코로나 때문에 지난 3년 동안 국내에만 있었어요.

②

처음으로 해외로 나가게 됐는데요.

이게(이번이) / 해외로 나가는 / 우리의 첫 여행이에요.

This is our first time traveling abroad.

문장 어순 이게(이번이) 처음이다 / 해외로 나가는

문장 도출

① This is one's first time+V-ing.

= (이번이) ~하는 게 처음이다.

→ (이게) 처음 ~하는 거다. / 처음으로 ~하게 됐다.

② travel aborad = 해외로 여행하다

   * 목적지가 정해진 해외여행

   ≠ travel to other countries = 다른 나라로 여행하다

   * 목적지가 정해지지 않고 막연하게 떠나는 해외여행을 뜻하기 때문에 본 문맥에서는 travel aborad가 적절해요.

▷ **This** is our first time **traveling abroad.**

= 이게 해외로 나가는 (우리의) 첫 여행이에요.

→ 처음으로 해외로 나가게 됐어요.

행선지는 태국으로 가게 됐고, 너무나 설레고 기대가 되고...

태국이 / 우리의 목적지이고요, / (저는) / 너무나 설레요.

Thailand is our destination and I am super excited.

문장 어순 태국이 / 우리의 목적지이다 / 그리고 나는 / 너무나 설레인다

문장 도출

① Thailand is our destination. = 태국이 우리의 목적지이다.

destination = 목적지, 행선지 (* <u>가려는 곳</u>을 말할 땐 destination을 사용)

Thailand = 태국

* 아래와 같이 표현해도 좋아요. 문장의 핵심 아이디어를 흩뜨리지 않고, 의미를 정확하고 쉬운
  표현으로 빨리 전달하는 게 관건이랍니다.
  → We're going to Thailnad. = 우리는 태국으로 가요. (* 자연스러운 대화체로 가장 많이 사용)

② be동사+감정 형용사 = ~(한 감정)이다

super = 대단히, 정말로 / excited = 신이 난, 들뜬

I am <u>super</u> excited. = (나는) 너무나 설레인다.

* 너무 설레고 기대되는 감정(기대감)은 아래와 같이 표현할 수도 있어요.
  → I can't wait (for it). = (기다릴 수 없을 만큼) 너무 기대돼요.
  → I'm looking forward to it. = 너무 기대돼요.

▶ Thailand <u>is our destination and</u> I <u>am super excited</u>.
= 태국이 <u>우리의 목적지이고요</u>, (저는) 너무나 <u>설레요</u>.

영어로 써 보면서 정리하기

앞서 배운 내용을 토대로 영어로 써 보면서 제대로 이해했는지 점검해 보세요.

❶ 코로나로 인해서 3년 동안 국내에만 있었어요.

코로나 때문에

➡

나는 국내에만 머물러 있어야 했다

➡

지난 3년 동안

➡

코로나 때문에 (저는) 지난 3년 동안 국내에만 있었어요.

➡

❷ 처음으로 해외로 나가게 됐는데요.

이게 우리의 첫 번째이다 (→ 이번이 우리의 첫 여행이다)

➡

해외로 나가는

➡

이게 해외로 나가는 우리의 첫 여행이에요.

➡

❸ 행선지는 태국으로 가게 됐고, 너무나 설레고 기대가 되고...

태국이

➡

우리의 목적지이다 그리고 (→ 목적지이고요)

➡

나는 너무나 설레인다

➡

태국이 우리의 목적지이고요, (저는) 너무나 설레요.

➡

최대한 자연스럽게 영어로 말해 보기

MP3를 듣고 따라 하면서 내가 하는 말처럼 자연스럽게 메시지를 전달해 보세요.　🎧 01

❶ Because of Covid 19, I had to stay in Korea for the past 3 years. ❷ This is our first time traveling abroad. ❸ Thailand is our destination and I am super excited.

___월 ___일 ☀ ☁ ☂ ☃

02 해외여행할 때 모기에 물리지 마세요

🔊 앵커 멘트　뎅기열은 확실한 치료제와 예방 백신이 없기 때문에 바이러스 매개체인

모기에게 물리지 않는 것이 최선의 예방책입니다.

🎤 인터뷰　의사 선생님의 조언

뎅기열은 모기를 매개로 발생하는 감염병입니다. 모기에 물리지 않는 것이 가장

중요하겠습니다. 모기에 물리지 않기 위해서 모기 퇴치제를 사용해야 할 것이고...

한국어로 키워드 적어 보고 말해 보기

원문 내용을 사건순서/인과관계에 따라 키워드를 적어 보고 최대한 똑같이 한국어로 말해 보세요.

이해도 체크하기 ✔　문맥 상황☐　화자의 의도/핵심 포인트☐　행간 의미☐

_____

_____

_____

영어로 작성해 보고 말해 보기

한국어 원문 메시지를 최대한 가까운 뜻의 영어로 작성해 보고 말해 보세요.

❶ 뎅기열은 모기를 매개로 발생하는 감염병입니다.

_____

❷ 모기에 물리지 않는 것이 가장 중요하겠습니다.

_____

❸ 모기에 물리지 않기 위해서 모기 퇴치제를 사용해야 할 것이고...

_____

_____

dengue (fever) 뎅기열　　infectious disease 감염병　　mosquito repellent 모기 퇴치제(모기약)

나도 말할 수 있는 영어로 스토리텔링하기

원문 메시지를 파악하고 영어로 표현하는 방식을 이해하면서 스토리텔링을 해 보세요.

뎅기열은 모기를 매개로 발생하는 감염병입니다.

뎅기열은 / 모기에 의해 전염되는(옮는) / 병입니다.

Dengue fever is an infectious disease carried by mosquitos.

문장 어순 뎅기열은 / 전염되는 병이다 / 모기에 의해 전염되는(옮는)

문장 도출

① dengue fever = 뎅기열 / infectious disease = 간염병, 전염병
  Dengue fever is an infectious disease. = 뎅기열은 감염병이다.

② carry = ~을 실어 나르다, 가지고 다니다
  be carried by+병을 옮기는 매개체(A) = A에 의해 전염되다(옮다)
  Dengue fever is an infectious disease (which is) carried by A.
  = 뎅기열은 A에 의해 전염되는(옮는) 병이다.

* 참고로, 수동태 구조가 아닌 물주구문(사물, 사실, 상태 등을 주어로 사용) 능동태 사용 시
  포인트를 앞에 두면서 문장도 간결해지기 때문에 더욱 효과적이면서 원어민스럽게 영어를
  할 수 있는 방법입니다!
  → Mosquitos are Dengue fever carriers. = 모기는 뎅기열의 매개체이다.

▶ Dengue fever is an infectious disease carried by mosquitos.
  = 뎅기열은 모기에 의해 전염되는 병입니다.

---

② 모기에 물리지 않는 것이 가장 중요하겠습니다.

가장 중요한 것은 / 모기에 물리지 않는 것입니다.

The most important thing is not to get mosquito bites.

문장 어순 가장 중요한 것은 / 모기에 물리지 않는 것이다

문장 도출

① The most important thing is+to부정사.

   = 가장 중요한 것은 ~하는 것이다.

② mosquito bites = 모기 물림

   get mosquito bites = 모기에게 물리다 (= get bitten by mosquitos)

   not to get mosquito bites / not to get bitten by mosquitos

   = 모기에게 물리지 않는 것

▶ The most important thing is **not to get misquito bites** (= not to get
bitten by mosquitos).

   = 가장 중요한 것은 <u>모기에게 물리지 않는 것</u>입니다.

26

③ 모기에 물리지 않기 위해서 모기 퇴치제를 사용해야 할 것이고...

(여러분은) / 모기에게 물리는 것을 피하려면(물리지 않으려면) /
모기퇴치제를 사용하는 게 좋습니다.

You should use mosquito repellent (to avoid getting bitten).

문장 어순 여러분은(일반인 주어) / 모기퇴치제를 사용하는 게 좋습니다 / 모기에게 물리는 것을 피하려면(물리지 않으려면)

문장 도출

① **You should+동사.** = (여러분은/당신은) ~하는 게 옳다/맞다/좋다. (추천 · 조언)

② **use mosquito repellent** = 모기 퇴치제를 사용하다

　You should **use mosquito repellent+to부정사.**

　= ~하려면/~하기 위해서는 모기 퇴치제를 사용하는 게 좋습니다.

③ **avoid+동명사** = ~하는 것을 피하다 / **get bitten** = 물리다

　You should use **mosquito repellent to avoid+동명사.**

　= ~하(는 것을 피하)려면 모기 퇴치제를 사용하는 게 좋습니다.

* 영어는 똑같은 단어와 표현을 반복적으로 사용하는 것을 싫어하는 성격이 강해서 paraphrasing (패러프레이징: 특히 이해를 더욱 쉽게 하기 위해 동일한 의미를 가지고 있는 다른 말로 바꾸어 표현하는 것)이 중요해요. 따라서 모기 퇴치제를 사용하는 목적(모기에게 물리지 않으려면)을 앞 문장에 사용한 어휘로 반복하는 것보단 패러프레이징을 추천해요.
not to get bitten = (모기에) 물리지 않기 위해서 → to avoid getting bitten = (모기에) 물리는 것을 피하려면 (*앞 문장과 반복되는 부분으로 생략 가능)

▶ You should use **mosquito repellent (to avoid getting bitten).**
　= (모기에 물리지 않으려면) 모기 퇴치제를 사용하는 게 좋습니다.

앞서 배운 내용을 토대로 영어로 써 보면서 제대로 이해했는지 점검해 보세요.

❶ 뎅기열은 모기를 매개로 발생하는 감염병입니다.

뎅기열은

➡

전염되는 병이다

➡

모기에 의해 전염되는(옮는)

➡

뎅기열은 모기에 의해 전염되는(옮는) 병입니다.

➡

❷ 모기에 물리지 않는 것이 가장 중요하겠습니다.

가장 중요한 것은

➡

모기에 물리지 않는 것이다

➡

가장 중요한 것은 모기에 물리지 않는 것입니다.

➡

❸ 모기에 물리지 않기 위해서 모기 퇴치제를 사용해야 할 것이고..

여러분은(일반인 주어)

➡

모기퇴치제를 사용하는 게 좋습니다

➡

모기에게 물리는 것을 피하려면

➡

(여러분은) 모기에게 물리지 않으려면 모기퇴치제를 사용하는 게 좋습니다.

➡

최대한 자연스럽게 영어로 말해 보기

MP3를 듣고 따라 하면서 내가 하는 말처럼 자연스럽게 메시지를 전달해 보세요. 🎧 02

❶ Dengue fever is an infectious disease carried by mosquitos.
❷ The most important thing is not to get mosquito bites. ❸ So,
you should use mosquito repellent to avoid getting bitten.

03 친척집에 방문했는데 배가 결항됐어요

🔊 앵커 멘트 5시 현재 울릉도에는 63cm의 눈 폭탄이 쏟아졌고 강풍에 뱃길은 모두 끊겼습니다.

🎤 인터뷰 눈 폭탄으로 울릉도에 발이 묶인 방문객

친척집 방문 목적으로 왔는데요, 눈이 어마어마하게 오네요. 원래는 오늘 나갈 예정이었는데 배가 결항돼서 언제 나갈지 모르겠어요.

한국어로 키워드 적어 보고 말해 보기

원문 내용을 시간순서/인과관계에 따라 키워드를 적어 보고 최대한 똑같이 한국어로 말해 보세요.

이해도 체크하기 ✓ 문맥 상황 ☐ 화자의 의도/핵심 포인트 ☐ 행간 의미 ☐

_____

_____

_____

영어로 작성해 보고 말해 보기

한국어 원문 메시지를 최대한 가까운 뜻의 영어로 작성해 보고 말해 보세요.

❶ 친척집 방문 목적으로 왔는데요, 눈이 어마어마하게 오네요.

_____

❷ 원래는 오늘 나갈 예정이었는데 [be supposed to+동사원형]

_____

❸ 배가 결항돼서 언제 나갈지 모르겠어요. [주어+동사+목적어+이유]

_____

_____

relative 친척   leave 떠나다, 출발하다   be supposed to ~ (원래) ~하기로 되어 있다

나도 말할 수 있는 영어로 스토리텔링하기

원문 메시지를 파악하고 영어로 표현하는 방식을 이해하면서 스토리텔링을 해 보세요.

 친척집 방문 목적으로 왔는데요, 눈이 어마어마하게 오네요.

(저는) / 친척을 방문하러 왔는데요, / 눈이 어마어마하게 오네요.

I'm here to visit my relatives and
we are having **crazy havy snow** right now.

문장 어순 나는 여기에 왔다 / 친척을 방문하러 / 그리고 어마어마한 눈이 오고 있다 / 지금

문장 도출

① I'm here to vist+대상. = (나는) ~를 보기 위해서/~를 보러 왔다.

  I'm here to visit **my relatives**. = (저는) 친척을 방문하러 왔어요.

② We are having+날씨(명사). = (현재 날씨가) ~하군요.

  crazy havy snow = 미친듯이 퍼붓는 눈, 폭설 → 어마어마하게 오는 눈

  We are having crazy heavy snow **right now**.

  = (지금) 어마어마한 눈이 오고 있네요. → 눈이 어마어마하게 오네요.

  (≠ It's snowing **havily**. = 눈이 정말 많이 온다.)

Tip 친척집 방문 목적으로 왔는데요, 눈이 어마어마하게 오네요.

→ [~ 왔어요. 그리고(and) ~]와 같이 앞뒤 문맥 관계 확인 후 and(추가 정보) 또는 but(상반된 내용)을 선택해야 해요. 본 문맥에서는 상반된 사실을 말하기보다는 정보를 나열하고 있기 때문에, and를 사용하는 것이 적합해요!

> I'm here to visit my relatives **and** we are having crazy havy snow right now.
>
> = 친척을 방문하러 왔는데요, (현재 날씨가) 눈이 어마어마하게 오네요.

❷

원래는 오늘 나갈 예정이었는데

(저는) / 오늘 / 출발할(떠날) 예정이었어요.

I was supposed to leave today.

문장 어순 나는 / 출발할 예정이었다 / 오늘

문장 도출

① be supposed to+동사원형 = ~하기로 되어 있다 → ~할 예정이다

　* [원래 ~하는 게 맞다/옳다]라는 뉘앙스를 갖고 있어요.

② leave = 출발하다, 떠나다 (≠ go out = 밖으로 나가다, 외출하다)

　be supposed to leave = (원래) 출발하기로/떠나기로 되어 있다

Tip (❷ + ❸)

[원래는 오늘 나갈 예정이었는데, 배가 결항돼서 언제 나갈지 모르겠어요.] → [원래는 오늘 나갈 예정이었어요. 하지만(but) 배가 결항돼서 언제 나갈지 모르겠어요. (→ 나는 오늘 출발하지 못했다.)]와 같이 앞뒤 문장은 상반된 내용을 말하고 있기 때문에 접속사 but을 사용하는 게 적합해요.

> ▶ I was supposed to leave today.
> 　= (원래는) 오늘 떠날 예정이었어요.

❸ 배가 결항돼서 언제 나갈지 모르겠어요.

배가 결항됐기 때문에 / 저는 언제 출발할 수 있을지 / 모르겠어요.

I have no idea when I will be able to because **the ship can't move**.

문장 어순 나는 모르겠다 / 언제 내가 출발할 수 있을지를 / 배가 결항됐기 때문에

문장 도출

① I have no idea. = 나는 (~에 대해) 어떤 생각도 갖고 있지 않다. → 모르겠다.

 I have no idea <u>when+주어+동사.</u> = <u>언제 (주어)가 ~할지</u> 모르겠다.

② be able to+동사원형 = ~할 수 있다

 I have no idea when I will be able to leave.

 = <u>(내가) 언제 출발할 수 있을지</u> 모르겠다.

 * [be able to (leave)] → 앞 문장에서 동일한 주어(I)를 쓰고 있고, leave(출발하다)가 이미
  언급되었기 때문에(이중 반복으로) 생략하고 말하는 게 자연스러워요.

③ the ship can't move = 배가 움직일 수 없다 → 배가 결항되다

 because the ship can't move = 배가 결항됐기 때문에

Tip [결항되다]와 같은 한자어는 곧바로 영어 단어로 대입하려고 하지 말고, 해당 어휘의 속뜻을 조금 더
   편한 한국어로 풀어서 말하면 자연스러워요.

   [결항되다] → [(배가) 움직일 수 없다]

▶ **I have no idea** when I will be able to <u>because the ship can't move</u>.
 = <u>배가 결항됐기 때문에</u> 언제 출발할 수 있을지 모르겠어요.

앞서 배운 내용을 토대로 영어로 써 보면서 제대로 이해했는지 점검해 보세요.

❶ 친척집 방문 목적으로 왔는데요, 눈이 어마어마하게 오네요.

나는 (여기에) 왔다

➡

친척을 방문하러

➡

그리고 어마어마한 눈이 오고 있다

➡

지금

➡

저는 친척을 방문하러 왔는데요, 눈이 어마어마하게 오네요.

➡

❷ 원래는 오늘 나갈 예정이었는데

나는 출발할 예정이었다

➡

오늘

➡

저는 오늘 출발할 예정이었어요.

➡

❸ 배가 결항돼서 언제 나갈지 모르겠어요.

나는 모르겠다

➡

언제 내가 출발할 수 있을지를

➡

배가 결항됐기 때문에

➡

배가 결항됐기 때문에 (저는) 언제 출발할 수 있을지 모르겠어요.

➡

❷+❸ (원래 저는) 오늘 출발할 예정이었는데, 배가 결항됐기 때문에 언제 출발할 수 있을지
모르겠어요.

➡

최대한 자연스럽게 영어로 말해 보기
MP3를 듣고 따라 하면서 내가 하는 말처럼 자연스럽게 메시지를 전달해 보세요. 🎧 03

❶ I'm here to visit my relatives and we are having crazy heavy
snow right now. **❷** I was supposed to leave today **❸** but I have no
idea when I will be able to because the ship can't move.

___월 ___일 ☀ ☁ 🌧 ☂

04 당장 출근해야 해서 빨리 와서 줄을 서야 해요

> 🔊 앵커 멘트   제주 지역에 폭설로 항공기가 전편 결항돼 제주도에 발이 묶인 체류객만
> 3만 명이 넘습니다.

> 🎤 인터뷰   제주도에 발이 묶인 직장인 [제주 공항에서]
> 당장 내일부터 출근해야 되는데 (내일 오전) 6시에 갈 수 있게 최대한 빨리 와서
> 줄 서서 내일 갈 수 있길 기도해 봐야죠.

한국어로 키워드 적어 보고 말해 보기

원문 내용을 사건순시/인괴관계에 따라 키워드를 적어 보고 최대한 똑같이 한국어로 말해 보세요.

이해도 체크하기 √   문맥 상황☐   화자의 의도/핵심 포인트☐   행간 의미☐

_____

_____

_____

영어로 작성해 보고 말해 보기

한국어 원문 메시지를 최대한 가까운 뜻의 영어로 작성해 보고 말해 보세요.

❶ 내일 당장 출근해야 해요. [have to = (의무) ~해야 한다]

_____

❷ 내일 갈 수 있길 기도해 봐야죠. [make it = (바라던 일을) 성공하다, 해내다]

_____

❸ 최대한 빨리 (오전) 6시쯤 와야겠어요. [as+부사/형용사+as one can]

_____

_____

go to work 출근하다   early 빠른, 이른   pray 기도하다   get+장소 부사 ~에 도착하다   like+시간 ~시쯤에

36

나도 말할 수 있는 영어로 스토리텔링하기

원문 메시지를 파악하고 영어로 표현하는 방식을 이해하면서 스토리텔링을 해 보세요.

당장 내일부터 출근해야 되는데

(저는) / 내일 당장 / 출근해야 해요.

I **have to** go to work tomorrow.

문장 어순 나는 / 출근해야 한다 / 내일 (당장)

문장 도출

① have to+동사원형 = (안 하면 안 되는 의무) ~해야 한다

　* 참고로 should를 쓰면 [그렇게 하는 게 옳다/맞다/더 좋다]는 제안이나 의견을 내포하게 돼요. 본 문장에서는 출근을 안 하면 안 되는 의무를 내포하기 때문에 have to를 사용하는 것이 더욱 적합해요.

② go to work = 직장에 가다, 일하러 가다, 출근하다

　have to go to work = 출근 해야 한다 (→ 출근하지 않으면 안 된다)

▶ I have to go to work tomorrow.

　= (저는) 내일 (당장) 출근해야 해요.

❷

내일 갈 수 있길 기도해 봐야죠.

(저는) 내일 갈 수 있길 / (간절히 바라고) 기도해요.

I really hope and pray that I'll make it.

문장 어순 나는 / 간절히 바라고 기도한다 / 내일 갈 수 있기를

문장 도출

① hope and pray+바라는 내용

= ~을 간절히 바라고 기도한다 → ~을 진심으로(절실히) 바라다

I really hope and pray+that+주어+동사.

= (나는) 주어가 ~하기를/할 수 있길 진심으로 바란다.

* [I really hope and pray.]는 무언가를 간절히 원할 때 원어민늘이 슬겨 쓰는 말로 실생활에 유용하게 쓰여요.

② **make it** = (바라던 일을) 성공하다, 해내다

* 본 문맥에서는 [출근하기에 힘든 상황이지만 해낼 수 있길(출근할 수 있길) 바란다]는 간절한 메시지를 담고 있기 때문에 make it(힘들지만 성공적으로 해냈을 때 사용)이 핵심 메시지를 전달하기에 자연스러워요.

Tip 복잡한 문장을 말할 때 영어에서는 주제/포인트/결론을 먼저 말하고 난 뒤 뒷받침하는 아이디어를 말해요. 따라서 본 인터뷰 내용을 다음의 순서대로 말하면 더욱 자연스럽게 핵심 메시지를 전달할 수 있어요.

①내일 당장 출근해야 한다. → ②내일 갈 수 있길 간절히 바라고 기도한다. → ③따라서 내일 갈 수 있도록 최대한 빨리 6시쯤 와야겠다.

> ❯ I really hope and pray that I'll make it.
> = (저는) (제가) 내일 갈 수 있길 (간절히 바라고) 기도해요.
> → 내일 갈 수 있길 기도해 봐야죠.

3 (내일 오전) 6시에 갈 수 있게 최대한 빨리 와서

(저는 내일 갈 수 있도록) 최대한 빨리 / 오전 6시쯤 / 와야겠어요.

I'm getting here **as early as I can**, like 6 am.

문장 어순 나는 와야겠다(여기에 도착해야겠다) / (내가 할 수 있는 한) 최대한 빨리 / 오전 6시쯤에

문장 도출

① I'm getting here+때(시간).

= 나는 ~(시간)에 여기로 올 계획이다. → ~(시간)에 와야겠다.

* be+V-ing(~할 계획이다, ~할 예정이다) → 실제로 일어날 일을 설명할 때 [현재 진행형]을 써서 곧 그 일이 일어나고 있을 상태의 생동감과 의미를 동시에 강조할 수 있어요.

② as+형용사/부사+as I can = (내가 할 수 있는) 최대한 ~하게

early = (시간적으로) 이른(일찍), 빠른(빨리) / like+시간 = ~시쯤(정도)에

as early as I can

= 최대한 일찍(이른 시간에)/빨리

as early as I can, like 6 am

= 최대한 빨리 오전 6시쯤(에)

* 참고로 as soon as possible(가능한 한 빨리/신속하게, 되도록 빨리)은 다른(기준) 시간과 비교하여 상대적으로 빠른 시간을 의미하며, 본 문맥에 쓰인 as early as I can은 내가 할 수 있는 만큼의 최대한 일찍(빠른 시간)으로 구분지어 이해하면 돼요.

▶ I'm getting here as early as I can, like 6 am.

= (저는) 최대한 빨리 (오전) 6시쯤에 와야겠어요.

앞서 배운 내용을 토대로 영어로 써 보면서 제대로 이해했는지 점검해 보세요.

❶ 당장 내일부터 출근해야 되는데

나는 출근해야 한다(출근하지 않으면 안 된다)

➡

내일 (당장)

➡

저는 내일 당장 출근해야 해요.

➡

❷ 내일 갈 수 있길 기도해 봐야죠.

나는 간절히 바라고 기도한다

➡

내일 갈 수 있기를

➡

저는 내일 갈 수 있길 간절히 바라고 기도해요.

➡

❶+❷ 내일 당장 출근해야 해서 내일 갈 수 있길 간절히 바라고 기도해요.

➡

❸ (내일 오전) 6시에 갈 수 있게 최대한 빨리 와야겠어요.

나는 와야겠다

➡

(내가 할 수 있는 한) 최대한 빨리

➡

오전 6시쯤에

➡

최대한 빨리 오전 6시쯤에 와야겠어요.

➡

최대한 자연스럽게 영어로 말해 보기

MP3를 듣고 따라 하면서 내가 하는 말처럼 자연스럽게 메시지를 전달해 보세요.　🎧 04

❶ I have to go to work tomorrow **❷** and I really hope and pray that I'll make it. **❸** So, I'm getting here as early as I can, like 6 am.

___월 ___일 ☀ ☁ ☂ ☃

05 예전과 같은 돈으로는 2/3 정도밖에 못 사요

> 🔊 앵커 멘트 소비자 물가 상승세가 올해 들어서도 지속되는 가운데 명절을 일주일 앞두고 장바구니 물가가 들썩입니다.

> 🎤 인터뷰 설 명절을 앞두고 장을 보고 있는 시민
> 물가가 자꾸 오르니깐 (설) 명절 앞두고 자꾸 걱정도 되고, 장보기가 나날이 힘들어 요. 예전과 같은 돈으로 2/3 정도밖에 못 사요.

한국어로 키워드 적어 보고 말해 보기

원문 내용을 사건순서/인과관계에 따라 키워드를 적어 보고 최대한 똑같이 한국어로 말해 보세요.

이해도 체크하기 ✔ 문맥 상황 ☐ 화자의 의도/핵심 포인트 ☐ 행간 의미 ☐

_____

_____

_____

영어로 작성해 보고 말해 보기

한국어 원문 메시지를 최대한 가까운 뜻의 영어로 작성해 보고 말해 보세요.

❶ 물가가 자꾸 오르니깐 (설) 명절 앞두고 자꾸 걱정도 되고 [because of ~]

_____

❷ 장보기가 나날이 힘들어요. [every time+주어+동사, 주어+동사]

_____

❸ 예전과 같은 돈으로 2/3 정도밖에 못 사요. [I can only get ~]

_____

---

price(s) 물가   ongoing 계속 이어지는   go grocery shopping 식료품을 사다, 장을 보다

나도 말할 수 있는 영어로 스토리텔링하기

원문 메시지를 파악하고 영어로 표현하는 방식을 이해하면서 스토리텔링을 해 보세요.

물가가 자꾸 오르니깐 (설) 명절 앞두고 자꾸 걱정도 되고

자꾸(지속적으로) 오르는 물가 때문에 / 저는 설 명절이 걱정이에요.

Because of ongoing high prices, I'm worried about Korean New Year.

문장 어순 자꾸(지속적으로) 오르는 물가 때문에 / 나는 걱정이 된다 / 설 명절이

문장 도출

① because of ~ = ~ 때문에 (= due to)

ongoing = 계속 진행 중인, (문제 등이) 현재까지 지속되고 있는 / prices = 물가

because of ongoing high prices

= 지속되고 있는 높은 물가 때문에

→ 물가가 지속적으로(자꾸) 오르기 때문에

* 참고로 because of(due to) rising high prices(물가 상승 때문에)와 같이 표현해도 무방해요.

② be worried about+걱정의 대상 = ~에 대해 걱정하다 → ~가 걱정되다

Korean New Year = 설 명절

I'm worried about Korean New Year.

= (저는) 설 명절이 걱정이에요.

▶ Because of ongoing high prices, I'm worried about Korean New Year.

= 물가가 지속적으로 오르기 때문에 설 명절이 걱정이에요.

❷

장보기가 나날이 힘들어요.

(저는) / 장을 볼 때마다 / 돈이 빠듯해요(빠듯해서 힘들어요).

Every time I go grocery shopping
I feel my budget is too tight.

문장 어순 장을 볼 때마다 / 나는 느낀다 / 돈이 빠듯하다고

문장 도출

① **every time+주어+동사** = (주어가) ~할 때마다 (매번)

　go grocery shopping = 식료품을 쇼핑하다, 장을 보다

　(* **go+V-ing** = 어느 활동을 하러 가다)

　every time I go grocery shopping

　= 내가 장을 볼 때마다 (= 장을 보는 매번/나날이)

② **I feel+(that)+주어+동사**

　= 나는 주어가 ~하다고 느낀다 → (내가 느끼기엔) 주어가 ~하다 / 주어가 ~한 것 같다

　budget = 예산, 비용(딱 정해진 돈/시간 등을 맞춰 쓰는 이미지)

　tight = (여유가 없이) 빠듯한, 빡빡한

　I feel my budget is too tight.

　= (제가 느끼기엔) 돈이 너무 빠듯해요. → 돈이 너무 빠듯해서 힘들어요.

　* [돈이 빠듯하다]라는 사실/정보를 전달하는 것이 아닌 [빠듯해서 힘들다]라는 느낌/감정을 전
　　하는 메시지이므로 I feel ~ (~라고 느끼다 / ~인 것 같다)로 표현하는 것이 더욱 자연스러워요.

▶ **Every time I go grocery shopping I feel my budget is too tight.**

　= 장을 볼 때마다 돈이 너무 빠듯해(서 힘들어)요.

❸

예전과 같은 돈으로 2/3 정도밖에 못 사요.

동일한 액수로 / 과거에 살 수 있었던 것의 2/3 정도만 / 살 수 있어요.

For the same amount of money, I **can only get** 2/3 of what I could in the past.

문장 어순 (예전과 같은) 동일한 액수로 / 나는 2/3 정도만 살 수 있다 / 과거에 살 수 있었던 것의

문장 도출

① for the same amount of A

= A의 똑같은 양으로 → 똑같은 양의 A로

for the same amount of money

= 똑같은 양의(동일한 액수의) 돈으로 → (똑)같은 돈으로

② I can only get+목적어 = ~만 얻을(살) 수 있다 → ~밖에 못 산다

I can only get 2/3 of ~ = ~의 2/3 정도밖에 못 산다

I can only get 2/3 of what+주어+동사.

= ~(주어)가 ~한 것의 2/3 정도밖에 못 산다.

I can only get 2/3 of what I could (get) in the past.

= (내가) 과거에 살 수 있었던 것의 2/3 정도밖에 못 산다.

* [I can only get ~]에서 이미 쓰인 get이 중복되기 때문에 [~ what I could in the past]와 같이 뒤에 나오는 get은 생략 가능

▶ For the same amount of money, I can only get 2/3 of what I could in the past.

= (똑)같은 돈으로 과거에 (살 수 있는 양의) 2/3 정도밖에 못 사요.

→ 예전과 같은 돈으로 2/3 정도밖에 못 사요.

앞서 배운 내용을 토대로 영어로 써 보면서 제대로 이해했는지 점검해 보세요.

❶ 물가가 자꾸 오르니깐 (설) 명절 앞두고 자꾸 걱정도 되고

자꾸(지속적으로) 오르는 물가 때문에

➡

나는 걱정이 된다

➡

설 명절이

➡

자꾸(지속적으로) 오르는 물가 때문에 전 설 명절이 걱정이에요.

➡

❷ 장보기가 나날이 힘들어요.

장을 볼 때마다

➡

나는 느낀다

➡

돈이 빠듯하다고

➡

저는 장을 볼 때마다 돈이 빠듯해요(빠듯해서 힘들어요).

➡

❸ 예전과 같은 돈으로 2/3정도밖에 못 사요.

동일한 양의 돈으로(= 동일한 액수로)

➡

나는 2/3 정도만 살 수 있다

➡

과거에 살 수 있었던 것(양)의

➡

(똑)같은 돈으로 과거에 (살 수 있는 양의) 2/3 정도밖에 못 사요.

➡

최대한 자연스럽게 영어로 말해 보기

MP3를 듣고 따라 하면서 내가 하는 말처럼 자연스럽게 메시지를 전달해 보세요.   🎧 05

❶ Because of ongoing high prices, I'm worried about Korean New Year. ❷ Every time I go grocery shopping I feel my budget is too tight. ❸ For the same amount of money, I can only get 2/3 of what I could in the past.

_____월 _____일 ☀ ☁ ☂ ⛄

06 출근길 버스를 매번 이렇게 보내야 해요

🔊 앵커 멘트 　출근길에 사람들을 가득 실어 무거워진 버스를 눈앞에서 그냥 보내기
일쑤입니다.

🎤 인터뷰 　출근 버스를 기다리는 직장인 [버스 정류장에서]

매번 이렇게 보내야 해요. 지금도 보시면 못 타요. 문도 안 닫히고 거의 매달려서 가야
하니깐...

한국어로 키워드 적어 보고 말해 보기

원문 내용을 사건순서/인과관계에 따라 키워드를 적어 보고 최대한 똑같이 한국어로 말해 보세요.

이해도 체크하기 ✓　문맥 상황 ☐　화자의 의도/핵심 포인트 ☐　행간 의미 ☐

영어로 작성해 보고 말해 보기

한국어 원문 메시지를 최대한 가까운 뜻의 영어로 작성해 보고 말해 보세요.

❶ 매번 이렇게 보내야 해요. [누가+무엇을+~할 수밖에 없다]

❷ 지금도 보시면 못 타요. [누가 보는지 / 누가 못 타는 상황인지 파악]

❸ 문도 안 닫히고 거의 매달려서 가야 하니깐... [결과+원인, 핵심의미 파악하기]

every time 매번　　get on the bus 버스를 타다　　manage (힘들지만) 해내다　　crowded (사람들이) 붐비는

48

나도 말할 수 있는 영어로 스토리텔링하기

원문 메시지를 파악하고 영어로 표현하는 방식을 이해하면서 스토리텔링을 해 보세요.

매번 이렇게 보내야 해요.

매번 / 버스가 이런 식이라 / 저는 / 버스를 보낼 수밖에 없어요.

Every time the bus is like this, I have to let it go.

문장 어순 매번 / 버스가 이런 식이라 / 나는 / 그것을(버스를) 보낼 수밖에 없다

* [원인+결과] 순으로 풀어내기

문장 도출

① every time = 매번 / like this = 이런 식으로

every time the bus is like this

= 매번 버스가 이런 식이다

② have to+동사원형 = ~할 수밖에 없다, 안 할래야 안 할 수 없다

let+A(목적어)+동사원형 = A가 ~하게 하다

have to+let+A(목적어)+동사원형

= A가 ~하게끔 해야(만) 한다 / A가 ~하도록 할 수밖에 없다

have to let it go (* it = the bus)

= 그것을(버스를) 보내도록 할 수밖에 없다 → 버스를 보낼 수밖에 없다

▶ Every time the bus is like this, I have to let it go.

= 매번 버스가 이런 식이라 (나는) 버스를 보낼 수밖에 없어요.

②

지금도 보시면 버스를 못 타요.

지금도 당신이(기자님이) 보시다시피 / 저는 버스를 못 타고 있어요.

As you can see, I can't manage to get on.

문장 어순 지금도 당신이 보시다시피 / 나는 못 타고 있다 / 버스에

문장 도출

① **as you can see** = (지금) 당신이(= 기자님이) 보시다시피, 보시는 것처럼

   * 현장 인터뷰로 문맥상 now 의미 내포

② manage to+동사원형 = 간신히/가까스로 ~하다

   (* **manage** = (힘들지만 성공적으로) 해내다)

   can't manage to+동사원형

   = (힘겹게/간신히 시도해 보았지만 결국) ~하지 못했다

   can't manage to **get on** (the bus)

   = (간신히 시도했지만) 버스를 타지 못하고 있다(= 버스를 못 타고 있다)

   ≠ **can't get on** (the bus) = 버스를 탈 수 없다(능력 부족 · 가능성이 없음)

   * the bus를 굳이 다시 반복하지 않아도 이미 주어진 문맥으로 모두가 알 수 있기 때문에 최대한 불필요한 중복(redundancy)은 피하기!

▶ **As you can see,** I can't manage to **get on.**

  = 지금도 당신이(기자님이) 보시다시피 저는 버스를 못 타고 있어요.

버스에 문도 안 닫히고 거의 매달려서 가야 하니깐...

버스에 사람이 너무 많아서 / 문도 안 닫혀요. /
다들 버스에 간신히 타(는 것 같아)요.

**The door can't close because it is too crowded.
Everyone barely made it on.**

문장 어순 [결과] 문이 닫히지 않는다 / [원인] 버스에 사람이 너무 많아서 * 인과관계로 풀이
다들 간신히 탄다 / 버스에 * 핵심의미로 풀이

문장 도출

① the door can't close = 문이 닫힐 수가 없다 → 문이 (상황 상) 안 닫힌다

≠ the door doesn't close = 문이 (일상적으로/늘) 안 닫힌다

be too crowded = 사람들이 너무 많다, 붐비다 (be jam-packed / be packed
= 승객으로 꽉 차다, 빽빽하다 * 너무 꽉 차서 발 디딜 틈도 없는 상태)

The door can't close because it is too crowded. (* it = the bus)
= 버스에 사람이 너무 많아서 문도 안 닫혀요.

② everyone = 모두, 다들

barely make it = 겨우(간신히, 가까스로) 해내다 * it = 버스를 타는 것

Everyone barely made it on (the bus).

= 다들 간신히 (버스에) 타(는 것 같아)요.

* 본 문맥에서는 한국어 어감으로 [~인 것 같다]고 자연스럽게 말할 수 있으나, 주관적인 의견이
아닌 실제로 늘 그런 현상이 있다는 사실을 밝히고 있어요.

▶ The door can't close because it is too crowded. Everyone barely
made it on.

= 버스에 사람이 너무 많아서 문도 안 닫혀요. 다들 (버스에) 간신히 타요.

영어로 써 보면서 정리하기

앞서 배운 내용을 토대로 영어로 써 보면서 제대로 이해했는지 점검해 보세요.

❶ 매번 이렇게 보내야 해요.

매번

➡

버스가 이런 식이다

➡

나는 버스를 보낼 수밖에 없다

➡

매번 버스가 이런 식이라 버스를 보낼 수밖에 없어요.

➡

❷ 지금도 보시면 버스를 못 타요.

지금도 당신이 보시다시피

➡

나는 못 타고 있다

➡

(버스에)

➡

지금도 당신이 보시다시피 저는 버스를 못 타고 있어요. (불필요한 중복 피하기)

➡

❸ 버스에 문도 안 닫히고 거의 매달려서 가야 하니깐...

문이 닫히지 않는다

➡

버스에 사람이 너무 많아서

➡

버스에 사람이 너무 많아서 문도 안 닫혀요.

➡

다들

➡

간신히 탄다

➡

다들 (버스에) 간신히 타요.

➡

최대한 자연스럽게 영어로 말해 보기

MP3를 듣고 따라 하면서 내가 하는 말처럼 자연스럽게 메시지를 전달해 보세요.   🎧 06

❶ Every time the bus is like this, I have to let it go. ❷ As you can see, I can't manage to get on. ❸ The door can't close because it is too crowded. Everyone barely made it on.

___월 ___일 ☀ ☁ ⛱ ⛄

07 지하철에서 끼여서 오면 힘이 다 빠져요

🔊 앵커멘트   코로나19로 재택근무하던 직장인들이 다시 사무실 출근을 하게 되면서 대중교통으로 출퇴근하는 불편함을 토로합니다.

🎤 인터뷰   지하철로 출근하는 직장인

출퇴근하면 거의 하루에 4시간은 걸려요. 안 그래도 지하철에 좀 껴서 오면 힘이 다 빠져서... 좀 힘드네요. 벌써.

한국어로 키워드 적어 보고 말해 보기

원문 내용을 시건순시/인과관계에 따라 키워드를 적어 보고 최대한 똑같이 한국어로 말해 보세요.

이해도 체크하기 ✔   문맥 상황☐   화자의 의도/핵심 포인트☐   행간 의미☐

_____

_____

_____

영어로 작성해 보고 말해 보기

한국어 원문 메시지를 최대한 가까운 뜻의 영어로 작성해 보고 말해 보세요.

❶ 출퇴근하면 거의 하루에 4시간은 걸려요. [it takes+소요되는 시간]

_____

❷ 안 그래도 지하철에 좀 껴서 오면 힘이 다 빠져서... [원인+결과]

_____

❸ 좀 힘드네요. 벌써. [결과+조건]

_____

_____

exhausted 진이 다 빠진   take a train 지하철을 타다   to and from work(place) 출퇴근하는 데

나도 말할 수 있는 영어로 스토리텔링하기

원문 메시지를 파악하고 영어로 표현하는 방식을 이해하면서 스토리텔링을 해 보세요.

출퇴근하면 거의 하루에 4시간은 걸려요.

회사를 오가는 데 / 보통(일반적으로) 4시간은 걸려요.

It usually **takes** 4 hours to and from my workplace.

문장 어순 보통(일반적으로) 4시간이 걸린다 / 회사를 오가는 데

문장 도출

① It takes+소요되는 시간.

= (시간이) ~가 걸리다. (단순/기존 사실)

It usually takes 4 hours.

= 보통 4시간이 걸린다.

* 항상/늘 있는 사실이기 때문에 현재형 동사(takes)를 사용해요.

② workplace = 직장, 업무 현장 (= work)

to and from my work(place)

= 직장/회사를 오가며, 출퇴근하는 데 (왕복으로)

▶ It usually takes 4 hours to and from my workplace.

= 회사를 오가는 데 보통 4시간은 걸려요.

② 안 그래도 지하철에 좀 껴서 오면 힘이 다 빠져서...

저는 오늘 아침도(매일 아침마다) / 사람이 꽉 찬 지하철을
탔기 때문에 / 이미 힘이 다 빠졌어요.

Since I take a jam-packed train every morning,
I already feel exhausted.

문장 어순 [원인] 나는 탔기 때문에 / 사람이 꽉 찬 지하철을 / 오늘 아침도(매일 아침마다)
[결과] 나는 이미 힘이 다 빠졌다

문장 도출

① Since+주어(A)+동사(B), 주어(C)+동사(D).

= A가 B하기 때문에 C가 D하다.

* 상대방이 이미 이유/원인을 충분히 알고 있기 때문에 이유/원인보다는 결과에 더욱 초점을
두고 말할 때에는 부사절 접속사로 since를 즐겨 사용해요. 반면 이유/원인에 초점을 둘 땐
because를 즐겨 사용해요.

② take a jam-packed/packed train

= 몹시 붐비는(발 디딜 틈도 없이 빽빽한 / 사람들로 꽉 찬) 지하철을 타다

Since I take a packed train every morning, ~.

= (나는) 매일 아침마다 사람들로 꽉 찬 지하철을 타(고 오기) 때문에 ~하다.

→ 오늘 아침에도 지하철에서 (꽉) 끼여서 (타고) 왔기 때문에 ~하다.

* 늘상 반복되는 일은 현재형 동사(take)로 표현하며, 본 문맥에서는 [매일 아침마다(every
morning) ~하다]는 의미가 내포되어 있기 때문에 [오늘 아침에도 ~했다]고 해석할 수 있어요.

③ feel exhausted = 지치다, 힘이 빠지다 / already = 이미, 벌써

I already feel exhauseted.

= (나는) 이미 힘이 다 빠졌다.

> Since I take a jam-packed train every morning, I already feel exhausted.
= 오늘 아침에도 지하철에서 꽉 끼여서 왔기 때문에 이미 힘이 다 빠졌어요.

③

좀 힘드네요, 벌써.

아직 직장에 도착하지 않았는데도 / 저는 이미 지쳤어요.

I already feel exhausted
even before I get to work.

문장 어순 [결과] 나는 이미 지쳤다 / [조건] 아직 직장에 도착하지 않았는데도

문장 도출

① I already feel exhausted+even before+주어+동사.

= (주어)가 ~하기도 전에 이미(벌써) 지친다/힘들다.

→ (주어)가 ~하기 전인데도(··하지 않았는데도) 이미(벌써) 지쳤다/힘이 빠졌다.

* [좀 힘드네요. 벌써.]의 속뜻/행간 핵심 포인트는 [직장에 도착하기도 전에 이미 지쳤다]이므로 even before(~하기 전인데도 / ~하지 않았는데도)를 사용하는게 적합해요. 한국어로 [~인데도, ~일지라도]와 같이 말한다고 해서 무조건 even if(앞으로 일어날 일에 대해 사용)/even though(이미 일어난 일에 대해 사용)로 대입하기보다는 문장에서 전달하고자 하는 핵심 포인트를 파악하여 그에 적합한 표현을 사용하는 연습이 필요해요.

② get to work = 일하러 가다, 출근하다 (*get to = ~에 도착하다)

even before I get to work

= (제가) 아직 직장에 도착하지 않았는데도

I already feel exhausted even before I get to work.

= 아직 직장에 도착하지 않았는데도 저는 이미 지쳤어요.

▶ (I already feel exhausted) even before I get to work.

= 아직 직장에 도착하지 않았는데도 (저는 이미 지쳤어요).

* 앞 문장과 반복되는 내용은 생략(❷ + ❸)

앞서 배운 내용을 토대로 영어로 써 보면서 제대로 이해했는지 점검해 보세요.

❶ 출퇴근하면 거의 하루에 4시간은 걸려요.

보통 4시간이 걸린다

➡

회사를 오가는 데

➡

회사를 오가는 데 보통 4시간은 걸려요.

➡

❷ 안 그래도 지하철에 좀 껴서 오면 힘이 다 빠져서...

나는 타(고 오)기 때문에

➡

사람이 꽉 찬 지하철을

➡

매일 아침마다

➡

나는 이미 힘이 다 빠진다

➡

저는 매일 아침마다 지하철에 끼여서 오기 때문에 힘이 다 빠져요. (→ 오늘 아침에도 사람
이 꽉 찬 지하철을 탔기 때문에 이미 힘이 다 빠졌어요.)

➡

❸ 좀 힘드네요, 벌써.

나는 이미 지쳤다

➡

아직 직장에 도착하지 않았는데 (= 직장에 도착하기 전인데도)

➡

아직 직장에 도착하지 않았는데도 저는 이미 지쳤어요.

➡

❷+❸ 저는 사람이 꽉 찬 지하철을 타고 오기 때문에 아직 직장에 도착하지 않았는데도 이미

힘이 다 빠졌어요.

➡

최대한 자연스럽게 영어로 말해 보기

MP3를 듣고 따라 하면서 내가 하는 말처럼 자연스럽게 메시지를 전달해 보세요.　🎧 07

❶ It usually takes 4 hours to and from my workplace. ❷ Since I take a jam-packed train every morning, I already feel exhausted ❸ even before I get to work.

PART 2

경제 활동
(돈벌기/돈아끼기)

____월 ____일 ☀ ☁ ⛆ ☂

08 장사해도 남는 게 하나도 없어요

> 🔊 앵커 멘트 코로나19 장기화로 인해 시장 상인, 자영업자 모두 운영난과 생활고로
> 마음이 무겁습니다.
>
> 🎤 인터뷰 음식점을 운영하는 자영업자
> (음식점을) 운영하기에 상당히 어려움이 많죠. 버티고 있는 개념이지 매출을 올려서
> 이익을 남긴다는 개념이 아닙니다, 지금.

한국어로 키워드 적어 보고 말해 보기

원문 내용을 사건순서/인과관계에 따라 키워드를 적어 보고 최대한 똑같이 한국어로 말해 보세요.

이해도 체크하기 ✓ 문맥 상황 ☐ 화자의 의도/핵심 포인트 ☐ 행간 의미 ☐

_____

_____

_____

영어로 작성해 보고 말해 보기

한국어 원문 메시지를 최대한 가까운 뜻의 영어로 작성해 보고 말해 보세요.

❶ 음식점을 운영하기에 상당히 어려움이 많죠. [there are ~]

_____

❷ 버티고 있는 개념이죠. [I would say ~]

_____

❸ 매출을 올려서 이익을 남긴다는 개념이 아닙니다, 지금.

_____

_____

run a restaurant 식당을 운영하다   hold on (곤경을) 참아내다   make a profit 이윤을 내다

나도 말할 수 있는 영어로 스토리텔링하기

원문 메시지를 파악하고 영어로 표현하는 방식을 이해하면서 스토리텔링을 해 보세요.

 음식점을 운영하기에 상당히 어려움이 많죠.

음식점을 운영하기에 / 많은(여러 가지) 어려움이 있어요.

There are a lot of difficulties running a restaurant.

문장 어순 　많은 어려움이 있다 / 음식점을 운영하기에

문장 도출

① There is/are+단수/복수 명사 = ~이 있다 (* 어떤 것이 존재함을 강조)

There are a lot of difficulties ǀ V-ing

= ~하기에(~하는데) 여러 가지 많은 어려움이 있다

→ ~하기에(~하는데) 여러 가지 다른 어려움이 많다

* difficulties → 복수로 쓰일 땐 [여러 가지 다른 어려움들]을 의미해요.

② run a restaurant = 레스토랑을 운영하다

There are a lot of difficulties running a restaurant.

= 레스토랑을 운영하기에는 여러 가지 많은 어려움이 있다.

* 참고로 [It is hard/difficult for A+to부정사. = A가 ~하기에 어렵다.]의 구문을 활용하여
[It is hard/difficult for me to run a restaurant. = 레스토랑을 운영하기가 어렵다.]라고
표현해도 됩니다. 자신이 알고 있는 표현으로 최대한 정확하게 메시지를 전달하는 것이 중요
해요!

> There are a lot of difficulties running a restaurant.
  = 레스토랑을 운영하기에는 여러 가지 많은 어려움이 있어요.
   → 레스토랑을 운영하는데 여러 가지 어려움이 많아요.

②

버티고 있는 개념이죠.

버티고 있는 거라고 / (말)할 수 있죠.

I'd say I've just been holding on.

문장 어순 나는 말할 수 있다 / 버티고 있는 거(상태)라고

문장 도출

① I would say+**(that)**+주어+동사.

= 주어가 ~한다고 (말)할 수 있다.

* I would say ~(~라고 할 수 있다)는 자신의 의견이나 생각을 직설적이지 않고 완곡하게 전달할 수 있는 표현입니다. 반면 I think ~(~라고 생각한다)는 상황에 따라 직설적이거나 별 의미 없이 그냥 하는 말(filler word)처럼 보일 수 있기 때문에 습관적으로 문장 앞에 붙여서 사용하지 않도록 유의하세요.

② **hold on** = (곤경 · 위험을) 견뎌 내다, 참아 내다

have just been holding on

= (과거에 시작해서 지금도 여전히) 견뎌 내고 있는 중이다, 버티고 있는 중이다

* 문법도 의미 전달을 위해 존재해요! 문맥상 장사가 안된 순간(과거시점)부터 지금도 계속 식당을 운영하는데 어려움을 감당하고 있는 상태임을 [현재완료진행형]으로 표현하고 있어요.

▶ I'd say **I've just been holding on.**

= (식당을 운영하기에 어려운 상황을) 견뎌 내고 있는 거라고 할 수 있죠.

→ 버티고 있는 거라고 할 수 있죠. (= 버티고 있는 개념이죠.)

---

❸ 매출을 올려서 이익을 남긴다는 개념이 아닙니다, 지금.

장사를 해서(장사 매출로는) / 남는 이익이 별로 없습니다.

I don't make a lot of profit **from my sales.**

문장 어순 남는 이익이 별로 없다 / 장사를 해서(장사 매출로는)

문장 도출

① make a profit = 수익을 얻다, 이익을 남기다

 make a lot of profit = 많은 이익을 내다

 * [매출을 올려서 (많이 벌어) 돈이 남는다]는 의미 내포

 don't make a lot of profit

 = 많은 이익을 내지 못한다, 남는 이익이 별로 없다

② sales = 판매량, 매출액

 from my sales = 나의 판매/실적으로는(내가 장사해서 매출을 내는 것으로부터)

 → 장사를 해서

 * [매출을 올려서 이익을 남긴다는 개념이 아닙니다, 지금.] → [매출을 올려서 이익을 남기는 게 아닌 상황이다.]와 같이 원문에 쓰인 [지금]은 실제 시간의 정보를 전달하는 것이 아닌 상황 · 의미를 강조하는 어감/추임새로 쓰였기 때문에 시간을 나타내는 영어 단어로 표현하지 않아도 자연스러워요.

> ▶ I don't make a lot of profit from my sales.
> = 장사를 해서 남는 이익이 별로 없습니다.
>   → 매출을 올려서 이익을 남기는 게 아닌 상황입니다.

영어로 써 보면서 정리하기

앞서 배운 내용을 토대로 영어로 써 보면서 제대로 이해했는지 점검해 보세요.

❶ 음식점을 운영하기에 상당히 어려움이 많죠.

여러 가지 많은 어려움이 있다

➜

음식점을 운영하기에

➜

음식점을 운영하기에 여러 가지 많은 어려움이 있습니다.

➜

❷ 버티고 있는 개념이죠.

나는 ~라고 말할 수 있다

➜

(지금도 여전히) 버티고 있는 거라고

➜

저는 (지금도 여전히) 버티고 있는 거라고 말할 수 있죠.

➜

❸ 매출을 올려서 이익을 남긴다는 개념이 아닙니다, 지금.

남는 이익이 별로 없다(= 나는 많은 이익을 내지 못한다)

➡

장사를 해서(= 나의 장사 매출로부터)

➡

장사를 해서 남는 이익이 별로 없습니다. (= 매출을 올려서 이익을 남기는 게 아닌 상황입니다.)

➡

최대한 자연스럽게 영어로 말해 보기

MP3를 듣고 따라 하면서 내가 하는 말처럼 자연스럽게 메시지를 전달해 보세요.   🎧 08

❶ There are a lot of difficulties running a restaurant. ❷ I'd say I've just been holding on. ❸ I don't make a lot of profit from my sales.

___월 ___일 ☀ ☁ ☂ ⛄

09 교통카드를 충전해도 순식간에 금방 써요

🔊 앵커 멘트　지하철 · 버스 요금이 줄줄이 인상됨에 따라 시민들은 늘어나는 대중교통비
부담을 호소합니다.

🎤 인터뷰　교통카드 사용 시민 [지하철역에서]
계속 다니다 보면 요즘에는 빨리 없어져요. 충전해 놔도. 한 번 타는 것도 아니고
두세 번 타야 하면 많이 부담이 되죠.

한국어로 키워드 적어 보고 말해 보기

원문 내용을 사건순서/인과관계에 따라 키워드를 적어 보고 최대한 똑같이 한국어로 말해 보세요.

이해도 체크하기 ✓　문맥 상황☐　화자의 의도/핵심 포인트☐　행간 의미☐

_____

_____

_____

영어로 작성해 보고 말해 보기

한국어 원문 메시지를 최대한 가까운 뜻의 영어로 작성해 보고 말해 보세요.

❶ (계속 다니다 보면) 요즘에는 빨리 없어져요. [주어 = 교통카드에 충전해 둔 돈]

_____

❷ 충전해 놔도. [even though = (비록) ~하더라도]

_____

❸ 한 번 타는 것도 아니고 두세 번 타야 하면 많이 부담이 되죠.

_____

_____

transportation card 교통카드　　recharge 재충전하다　　a couple of times 두세 번　　a single time 딱 한 번

나도 말할 수 있는 영어로 스토리텔링하기

원문 메시지를 파악하고 영어로 표현하는 방식을 이해하면서 스토리텔링을 해 보세요.

(계속 다니다 보면) 요즘에는 빨리 없어져요.

교통카드에 충전한 돈이 / 빨리 쓰여(서 없어져)요.

The money on my transportation card **is spent** very quickly.

문장 어순 교통카드에 충전한 돈이 / 매우 빨리 쓰여서 없어진다

문장 도출

① transportation/transit card = 교통카드

the money on one's transportation card

= ~(누구)의 교통카드(에 충전해 둔) 돈

* 어떤 공간 안/내부에(in) 넣어 둔 돈이 아닌 교통카드(시스템)에 장착되어(on) 있는 돈을 의미 해요.

② (사물) 주어+be p.p. = 주어가 ~되어지다 / spend = (돈을) 쓰다 (* use up = (완전히) 다 써 버리다 → [교통카드의 돈을 싹 다 써 버린다]라는 의미를 강조)

The money on my transportation card is spent.

= 교통카드에 충전해 둔 돈이 쓰인다(소비된다).

The money on my transportation card is spent very quickly.

= 교통카드에 충전한 돈이 아주 빨리(→ 눈 깜짝할 새/순식간에) 쓰여서 없어진다.

Tip 핵심 메시지 전달에 방해되는 말은 가지치기

[계속 다니다 보면 = as I get around] → 본 문장의 핵심 포인트(교통카드 돈이 빨리 소비된다)에 대한 부수적인 정보로 언급하지 않아도 돼요.

▶ The money on my transportation card is spent very quickly.

= 교통카드에 (충전한) 돈이 아주 빨리 쓰여(서 없어져)요.

→ 교통카드 돈이 순식간에 없어져요.

❷

충전해 놔도.

(내가 교통카드를) 충전해 둬도

even though I recharge it

문장 어순 비록 ~하더라도 / 내가 교통카드를 충전하다 → **❶**[주절]+**❷**[부사절]

문장 도출

① even though+주어+동사 = 비록 주어가 ~할지라도/~하더라도

> **Tip** **even though vs. even if**
>
> • even though(비록 ~이지만): 이미 일어나서 기정사실로 받아들여지는 상황을 언급할 때 사용
> • even if(앞으로 혹시 ~하더라도): 앞으로 일어날 확률이 50%로 아직 모르고 있는 상황 또는 확정되지 않은 일을 언급할 때 사용

② recharge a transportation/transit card = 교통카드를 충전하다

   * 본 문장에서 교통카드는 앞서 이미 언급되었기 때문에 대명사 it으로 대체했고, 교통카드를 충전해 두는 일은 늘/항상 하는 일이기 때문에 동사 현재형(recharge)을 사용했어요.

> ❯ even though I recharge it
>   = 내가 그것을(교통카드를) 충전해 둘지라도
>   → (교통카드를) 충전해 둬도

③ 한 번 타는 것도 아니고 두세 번 타야 하면 많이 부담이 되죠.

딱 한 번도 아니고 / 하루에 두세 번 이상 / 저는 교통카드를
사용하기 때문에 / 그것은 비용적인 부담이에요.

It's a **financial burden** because I use it more than
a couple of times a day, not just a single time.

문장 어순 그것은 비용적인 부담이다 / 나는 교통카드를 사용하기 때문에 / 하루에 두세 번
이상 / 딱 한 번도 아니고

문장 도출

① burden = 부담(감) → It's a burden. = 부담이 된다.

　It's a financial burden.

　= 그것은 비용적인 부담이다. → (비용적으로) 부담돼요.

　* finance(명사) / financial(형용사)를 [금융/재정(의)]로만 외우지 말고 그 핵심 뜻인 [돈]의
　이미지를 떠올려 보세요!

② because I use it+횟수+a day

　= (나는) 하루에 ~번(씩) 그것(→ 교통카드)을 사용하기 때문에

　a couple of times = 두세 번 / just a single time = 단지 딱 한 번

　because I use it more than a couple of times a day, not just a single time

　= 나는 딱 한 번 사용하는 것도 아니고 하루에 두세 번 이상 교통카드를 사용하기 때문에

　* 영어 문장에서는 핵심 내용을 먼저 배치!

　　→ 핵심 원인(두 세번 이상 사용)+내용을 강조하기 위한 부연 설명(한 번만 사용하는 게 아닌)

▶ It's a financial burden because I use it more than a couple of times a
day, not just a single time.
　= 저는 딱 한 번이 아니고 하루에 두세 번 이상 (교통카드를) 사용하기 때문에 (비용적
　으로) 부담돼요.

영어로 써 보면서 정리하기

앞서 배운 내용을 토대로 영어로 써 보면서 제대로 이해했는지 점검해 보세요.

❶ (계속 다니다 보면) 요즘에는 빨리 없어져요.

교통카드에 충전해 둔 돈이

➡

매우 빨리 쓰인다(소비된다)

➡

교통카드에 충전해 둔 돈이 빨리 쓰여요. (= 교통카드의 돈이 순식간에 없어져요.)

➡

❷ 충전해 놔도,

비록 ~하더라도

➡

내가 그것(교통카드)을 충전하다

➡

내가 교통카드를 충전해 둬도

➡

❶+❷ (교통카드를) 충전해 둬도 교통카드의 돈이 빨리 없어져요.

➡

❸ 한 번 타는 것도 아니고 두세 번 타야 하면 많이 부담이 되죠.

그것은 비용적인 부담이다

➡

나는 그것(교통카드)을 사용하기 때문에

➡

하루에 두세 번 이상

➡

딱 한 번이 아니고

➡

저는 딱 한 번도 아니고 하루에 두세 번 이상 그것(교통카드)을 사용하기 때문에 그것은

비용적인 부담이에요(비용적으로 부담돼요).

➡

최대한 자연스럽게 영어로 말해 보기

MP3를 듣고 따라 하면서 내가 하는 말처럼 자연스럽게 메시지를 전달해 보세요.　🎧 09

❶ The money on my transportation card is spent very quickly ❷ even though I recharge it. ❸ It's a financial burden because I use it more than a couple of times a day, not just a single time.

___월 ___일 ☀ ☁ ☂ ⛄

10 리볼빙 카드 이자 때문에 허리가 휘어요

🔊 앵커 멘트　카드 리볼빙 서비스(카드 대금의 일부만 갚으면 나머지 대금은 자동으로 연장)

수수료는 결국, 고객이 내야 하는 이자입니다.

🎤 인터뷰　카드사 리볼빙 서비스 이용 피해자

이월되니깐 더 유리하겠다라는 생각을 하겠지만 결과적으로 알고 보면 이자에 이자

가 더 붙는 그런 형식이더라고요.

한국어로 키워드 적어 보고 말해 보기

원문 내용을 사건순서/인과관계에 따라 키워드를 적어 보고 최대한 똑같이 한국어로 말해 보세요.

이해도 체크하기 ✔　문맥 상황 ☐　화자의 의도/핵심 포인트 ☐　행간 의미 ☐

_____

_____

_____

영어로 작성해 보고 말해 보기

한국어 원문 메시지를 최대한 가까운 뜻의 영어로 작성해 보고 말해 보세요.

❶ (리볼빙 카드를 쓰는 게) 더 유리하겠다는 생각을 하겠지만 (알고 보면 아닙니다.)

_____

❷ (갚아야 할 이용 금액이) 이월되니까

_____

❸ 결과적으로 알고 보면 이자에 이자가 더 붙는 그런 형식이더라고요.

_____

_____

postpone 연기하다, 미루다　　credit card 신용카드　　interest 이자　　pay one's debt 빚을 갚다

나도 말할 수 있는 영어로 스토리텔링하기

원문 메시지를 파악하고 영어로 표현하는 방식을 이해하면서 스토리텔링을 해 보세요.

 (리볼빙 카드를 쓰는 게) 더 유리하겠다는 생각을 하겠지만

사람들은 / 리볼빙 카드를 쓰는 게 더 좋다고 /
믿을지도 모르지만 알고 보면 아닙니다.

People **might believe** that using credit cards is better.

문장 어순 사람들은 / 믿을지도 모르지만 알고 보면 아니다 / 리볼빙 카드를 쓰는 게 더 좋다고

문장 도출

① People might believe+<u>that</u>+<u>주어(A)</u>+<u>동사(B)</u>.

   = 사람들은 <u>A</u>가 <u>B</u>하다고 믿을지도 모른다 (알고 보면 아닌데).

   * 조동사 might는 100% 확신을 가지고 말할 수 없을 때 사용해요. 따라서 might는 말의 톤을 낮추거나 완곡한 뉘앙스로 말할 때 즐겨 사용해요. 원문에서 [~라는 생각을 <u>하겠지만 (알고 보면 아니다 / 실제 그렇지 않다)</u>]와 같이 내포된 행간의 의미는 조동사 might를 써서 표현할 수 있어요.

② <u>주어(A)</u>+is better. = <u>A</u>가 더 좋다. / use a credit card = 신용 카드를 쓰다

   <u>Using a credit card</u> is better.

   = 신용 카드(리볼빙 카드)를 쓰는 게 더 좋다.

▶ People might believe <u>that using a credit card is better</u>.

   = 사람들은 <u>신용 카드(리볼빙 카드)를 쓰는 게 더 좋다고</u> 믿을지도 모르지만 알고 보면 아닙니다.

❷

이월되니깐

⩔

사람들은 / 깊아야 할 금액(카드 빚 갚기를) / 미룰 수 있기 때문에

because they can **postpone** paying their bebt

문장 어순 사람들은 미룰 수 있기 때문에 / 그들의 카드 빚 갚기를
→ ❶[주절]+❷[부사절]

문장 도출

① postpone+V-ing = ~하는 것을 미루다

pay one's debt = 빚을 갚다

(* **debt** = 갚아야할 돈 / **debt**s = 여러 가지 다른 종류의 빚)

people(→ **they**) can postpone **paying** their debts (* **they** = 일반 사람들)
= 사람들은 자신의 (신용카드) 빚 갚는 것을 미룰 수 있다

Tip 한자어는 의미를 풀어서 전달하기

[이월]과 같은 한자어의 경우는 의미를 풀어서 [다음번으로 미루다 → 꼭 다음 달이 아니어도 (카드) 빚을 미루어서 갚아도 된다]와 같이 편한 한글 뜻으로 전달해 보세요.

❯ because they can postpone paying **their debts**
= (사람들은 카드 빚 갚기를) 미룰 수 있기 때문에
→ (카드 빚이) 이월되니깐

결과적으로 알고 보면 이자에 이자가 붙는 그런 형식이더라고요.

하지만 기본 원리로는 / 사람들이 더 많은 이자를 내야만 하는 /
원래의 이자(카드 빚)에 이자가 붙는 그런 형식이에요.

But basically, they have to pay more interest, which **is added to** their original debt.

문장 어순 하지만 기본 원리로는 / 사람들은 더 많은 이자를 내야만 한다 / (그것은 이자가) 더 붙는 형식이다 / 그들의 원래 이자에(카드 빚에)

문장 도출

① basically = 기본적으로, 근본적으로 → 기본 원리로는, 원래 원리는

> * 원문에서 [결과적으로 ~]는 문자 그대로 in the result of / in this result(어떤 것에 따른 결과)가 아닌, 리볼빙 서비스(카드 시스템)의 기본 원리를 의미해요.

② have to pay interest = 이자를 내야(만) 한다

but basically, they have to pay more interest

= 하지만 기본 원리로는, 사람들이 더 많은 이자를 내야만 한다

③ 선행사(A), which+동사 = A는 ~(동사)한 것이다

> * which는 바로 앞에 쓰인 선행사를 지칭하며, which절은 선행사에 대해 부연 설명하는 역할을 해요.

선행사(A), which is added to their original debt

= A는 원래 카드 빚(→ 원래 지불해야 하는 이자)에 이자가 추가되는(더 붙는) 것이다

→ A는 이자가 더 붙는 그런 것(형식/원리)이다

▶ But basically, they have to pay more interest, which is added to their original debt.

> = 하지만 기본 원리로는 사람들이 더 많은 이자를 내야 하는데, 원래의 이자에 (이자가) 더 붙는 그런 형식이에요.

앞서 배운 내용을 토대로 영어로 써 보면서 제대로 이해했는지 점검해 보세요.

❶ (리볼빙 카드를 쓰는 게) 더 유리하겠다는 생각을 하겠지만

사람들은 믿을지도 모르지만 (알고 보면 아니다)

➡

리볼빙 카드를 쓰는 게 더 좋다고

➡

사람들은 리볼빙 카드를 쓰는 게 더 좋다고 믿을지도 모르지만 알고 보면 아니에요.

➡

❷ 이월되니깐

사람들은 미룰 수 있기 때문에

➡

그들의 카드 빚 갚기를

➡

사람들은 갚아야 할 금액(카드 빚 갚기를) 미룰 수 있기 때문에

➡

❶+❷ 사람들은 갚아야 할 금액(카드 빚 갚기를) 미룰 수 있기 때문에 신용 카드(리볼빙 카드)를 쓰는 게 더 좋다고 믿을지도 모르지만 알고 보면 아니에요.

➡

❸ 결과적으로 알고 보면 이자에 이자가 붙는 그런 형식이더라고요.

하지만 기본 원리로는

➡

사람들은 더 많은 이자를 내야만 한다

➡

그것은 (이자가) 더 붙는 형식이다

➡

그들의 원래 이자(카드 빚)에

➡

하지만 기본 원리로는 사람들이 더 많은 이자를 내야 하는데, 원래의 이자에 (이자가) 더 붙는 그런 형식이에요.

➡

최대한 자연스럽게 영어로 말해 보기

MP3를 듣고 따라 하면서 내가 하는 말처럼 자연스럽게 메시지를 전달해 보세요.   🎧 10

❶ People might believe that using credit cards is better ❷ because they can postpone paying their debt. ❸ But basically, they have to pay more interest, which is added to their original debt.

11 보이스 피싱이 확실한 느낌이 들어서 바로 신고했어요

🔊 앵커 멘트 불안해하면서 전화를 끊지 않는 할머니 모습을 목격한 은행원은 보이스 피싱이 의심돼 112에 신고하여 피해를 막았습니다.

🎤 인터뷰 보이스 피싱을 목격하고 피해를 막은 은행원

(할머니께서) 휴대폰을 꺼내가지고 계속 통화를 하시더라고요. 보이스 피싱이 확실하구나...해서 시간을 끌면서 경찰에 신고를 했습니다.

한국어로 키워드 적어 보고 말해 보기

원문 내용을 사건순서/인과관계에 따라 키워드를 적어 보고 최대한 똑같이 한국어로 말해 보세요.

이해도 체크하기 ✓ 문맥 상황 ☐ 화자의 의도/핵심 포인트 ☐ 행간 의미 ☐

_____

_____

_____

영어로 작성해 보고 말해 보기

한국어 원문 메시지를 최대한 가까운 뜻의 영어로 작성해 보고 말해 보세요.

❶ (할머니께서) 휴대폰을 꺼내 가지고 계속 통화를 하시더라고요. [과거진행형 활용]

_____

❷ 보이스 피싱이 확실하구나...해서 [확실하구나 → 직감적으로 확신했다]

_____

❸ 시간을 끌면서 경찰에 신고를 했습니다. [주어+동사+and+동사]

_____

_____

be phone scammed 전화 사기(보이스 피싱)를 당하다   stay on the phone 전화를 끊지 않고 계속하다

나도 말할 수 있는 영어로 스토리텔링하기

원문 메시지를 파악하고 영어로 표현하는 방식을 이해하면서 스토리텔링을 해 보세요.

(할머니께서) 휴대폰을 꺼내 가지고 계속 통화를 하시더라고요.

할머니께서 / 전화를 끊지 않고 계속하고 계셨어요.

The old lady **was staying on the phone.**

문장 어순 할머니께서 / (전화를 끊지 않고) 계속 통화를 하고 있었다

문장 도출

① old lady = 노부인, 할머니

stay on the phone = 전화를 끊지 않고 계속 하다 * 통화를 계속하다

≠ keep calling = 전화를 계속하다 * 전화를 거는 행위를 계속하다

The old lady was staying on the phone.

= 할머니께서 전화를 (끊지 않고) 계속 하셨어요.

* 은행원이 목격할 당시(과거)에 행동/사건이 계속 진행 중이었던 상태를 [과거 진행형]으로 표현했어요. 아울러 핵심 메시지(휴대폰으로 계속 통화를 했다) 전달에 불필요한 내용(휴대폰을 꺼낸 행동)은 가지치기 하는 것이 메시지 전달에 효율적이라는 점도 염두에 두세요.

▶ The old lady was staying on the phone.

= 할머니께서 전화를 (끊지 않고) 계속 하셨어요.

② 보이스 피싱이 확실하구나...해서

할머니께서 보이스 피싱을 당하고 있다고 / 저는 직감적으로 확신했어요.

I **had a gut feeling** and was certain that she was being scammed.

문장 어순 나는 직감적으로 확신했다 / 할머니께서 보이스 피싱을 당하고 있다고

문장 도출

① have a gut feeling = 본능적으로 촉이 오다, 직감이 들다

* 은행원은 할머니의 행동을 보고 본능적인 촉/직감으로 보이스 피싱임을 확신했기 때문에 단순히 [~을 확신했다]는 사실/정보만을 전달하기 보단 [본능적으로 촉이 오고/직감이 들어서 확신했다]는 행간의 의미를 파악하여 더욱 정확하고 생생하게 메시지를 전달할 수 있어요.

② be certain that+주어+동사 = 주어가 ~하는 것을 확신하다

* be certain은 특정한 상황에서 더욱 확신을 갖고(sure보다 강한 확신) 언급할 때 즐겨 쓰는 반면 be sure은 주관적인 판단을 기준으로 확신하는 의견을 자신감을 갖고 말할 때 즐겨 써요.

③ scam = 사기를 치다, 속이다

be (phone) scammed = 전화 사기를(보이스 피싱을) 당하다

* 앞 문장에서 [전화]를 끊지 않고 계시는 할머니의 행동이 언급되었기 때문에 [전화 사기]임을 충분히 알 수 있으므로 굳이 phone을 중복해서 사용하지 않아요.

she was being (phone) scammed

= 할머니께서는 보이스 피싱을 당하고 있는 중이다

* 수동태+진행형: 할머니가 보이스 피싱을 당하고 있는 상황 + 상황이 돌아가고 있는 상태를 표현(당시 상황이 보다 생생하게 전달되면서 의미가 강조됨)

▶ I had a gut feeling and was certain that she was being scammed.

= (저는) 할머니께서 보이스 피싱을 당하고 있다고 직감적으로 확신했어요.

3

시간을 끌면서 경찰에 신고를 했습니다.

저는 시간을 벌려고 하면서 / 경찰에 신고를 했습니다.

I tried to **buy some time** and called the police.

문장 어순 나는 ~하려고 노력했다 / 시간을 벌려고 / 그리고 / 경찰에 신고했다

문장 도출

① **try to+동사원형** = ~하려고 애쓰다(노력하다)

　buy time = 시간을 벌다

　try to buy some time = 시간을 벌려고 (노력)하다

　* 참고로 누군가를 잡아 두고 시간을 끌 땐 stall someone(시간을 끌다) 표현을 즐겨 써서 말
　 해요.

　　→ I tried to stall them.

　　　= (나는 그들에게) 시간을 끌려고 했다. / 그들을 지체시켰다.

② **call the police** = 경찰을 부르다, 경찰에 신고하다

　try to buy some time **and** call the police.

　= 시간을 벌면서 경찰에 신고하다

▶ I tried to buy some time **and** called the police.

　= (전) 시간을 벌면서 경찰에 신고했어요.

앞서 배운 내용을 토대로 영어로 써 보면서 제대로 이해했는지 점검해 보세요.

❶ (할머니께서) 휴대폰을 꺼내 가지고 계속 통화를 하시더라고요.

할머니께서

➡

전화를 끊지 않고 계속 통화를 하고 있었다

➡

할머니께서 전화를 끊지 않고 계속하고 계셨어요.

➡

❷ 보이스 피싱이 확실하구나...해서

나는 직감했고(직감적으로) 확신했다

➡

할머니께서 보이스 피싱을 당하고 있다고

➡

할머니께서 보이스 피싱을 당하고 있다고 저는 직감적으로 확신했어요.

➡

❸ 시간을 끌면서 경찰에 신고를 했습니다.

나는 시간을 벌려고 노력했다

➡

그리고 경찰에 신고했다

➡

저는 시간을 벌려고 하면서 경찰에 신고를 했습니다.

➡

최대한 자연스럽게 영어로 말해 보기

MP3를 듣고 따라 하면서 내가 하는 말처럼 자연스럽게 메시지를 전달해 보세요. 🎧 11

❶ The old lady was staying on the phone. ❷ I had a gut feeling and was certain that she was being scammed. ❸ So I tried to buy some time and called the police.

_____월 _____일 ☀ ☁ ☂ ⛄

12 편의점 도시락은 밥도 괜찮고 저렴한데 양도 푸짐해요

> 🔊 앵커 멘트   점심시간, 편의점이 직장인들로 북적입니다. 저렴하게 한 끼 식사를 해결하려는 사람들의 발걸음이 이어지고 있기 때문입니다.

> 🎤 인터뷰   편의점에서 점심 도시락을 사 먹는 손님
>
> 보통 요즘은 기본 (밖에서 먹으려면) 최소 만 원이 넘는 거 같고 여러 반찬을 한꺼번에 먹을 수 있고 밥도 괜찮고, 그리고 저렴하고, 가격도 낮아서...

한국어로 키워드 적어 보고 말해 보기

원문 내용을 사건순서/인과관계에 따라 키워드를 적어 보고 최대한 똑같이 한국어로 말해 보세요.

이해도 체크하기 ✔   문맥 상황☐   화자의 의도/핵심 포인트☐   행간 의미☐

_____

_____

_____

영어로 작성해 보고 말해 보기

한국어 원문 메시지를 최대한 가까운 뜻의 영어로 작성해 보고 말해 보세요.

❶ 보통 요즘은 기본 (밖에서 먹으려면) 최소 만 원이 넘는 거 같고

_____

❷ 여러 반찬을 한꺼번에 먹을 수 있고

_____

❸ 밥도 괜찮고, 그리고 저렴하고, 가격도 낮아서...

_____

_____

pay over ~ ~이상의 돈을 지불하다   side dish 반찬   a bunch of ~ 꽤 많은, 푸짐한 ~   include 포함하다

나도 말할 수 있는 영어로 스토리텔링하기

원문 메시지를 파악하고 영어로 표현하는 방식을 이해하면서 스토리텔링을 해 보세요.

 보통 요즘은 기본 (밖에서 먹으려면) 최소 만 원이 넘는 거 같고

요즘 / 밖에서 밥을 사 먹으면 / 최소 만 원 넘게 돈을 내야 해요.

These days when you **eat out**, you have to **pay over** $10 a meal.

문장 어순 요즘 / 밖에서 밥을 사 먹으면 / 돈을 내야 한다 / 최소 만 원 넘게

문장 도출

① these days when+주어+동사 = 요즘 주어가 ~할 때(~하는 경우 / ~하면)

　* 놓이게 된 형편이나 조건 · 사정이 확실할 때 when절(~할 때)을 사용하며 [~하는 경우, ~하면] 과 같이 문맥상 자연스럽게 해석해요. 반면 if절(~의 경우, 만약 ~하게 된다면)은 불확실한 가정 을 내포하고 있어요.

　eat out = 밖에서 밥을 먹다, 외식하다

　* 외부 음식점에 나가서 비용을 내고 음식을 사먹는 의미를 내포해요.

　these days when you eat out = 요즘(에는) 밖에서 사 먹으면

　* when절의 you는 일반인을 나타내는 주어로 별도로 해석하지 않아도 돼요.

② pay over+액수 = ~이상의 돈을 지불하다

　10,000 Korean won → 10 dollars($ 10) a meal = 한 끼에 10달러(대략 만 원으로 환산)

　* 원어민이 이해할 수 화폐단위로 바꾸어 말하기!

　have to pay over $10 a meal

　= 한 끼에 만 원 이상(넘게) 돈을 내야 한다 → 최소 만 원이 넘는다

　* 최소(at least)를 넣지 않아도 over+액수(~이상)가 핵심 뜻을 전달해요.

▶ These days when you eat out, you have to pay over $10 a meal.

　= 요즘 밖에서 사 먹으면 한 끼에 최소 만 원이 넘어요.

여러 반찬을 한꺼번에 먹을 수 있고

편의점에서 점심을 사 먹으면 / 푸짐한 여러 반찬들이 포함되어 있어요.

When you get lunch **from** a convenience store, it **includes a bunch of** different side dishes.

문장 어순 편의점에서 점심을 사 먹으면 / 그것(편의점 점심 도시락)에는 포함된다 / 푸짐한 여러 가지 반찬이 (* 원문이 짧을수록 숨겨져 있는 행간의 의미가 많을 수 있어요.)

문장 도출

① when you get lunch = 점심을 먹을 때 / convenience store = 편의점

when you get luhch from a convenience store

= 편의점에서 점심을 사 먹으면 (일반인 주어 you는 별도로 해석하지 않음)

* 문맥상 전달하고자 하는 메시지를 고려할 때, 장소(편의점) 안(in)에서 점심을 먹는 경우가 아닌 편의점에서 점심(도시락)을 구매하는 경우를 말하고 있기 때문에, 점심(도시락) 구매 출처를 나타내는 from을 쓰는 것이 자연스러워요.

② include = 포함하다, 포함되다 / a bunch of+복수 명사 = 꽤 많은, 푸짐한 ~

a bunch of different side dishes = 푸짐한 여러 (가지 다양한) 반찬들

it includes a bunch of different side dishes

= 그것(편의점 도시락)에는 푸짐한 여러 반찬들이 포함되어(들어) 있다

* 참고로 side dishes는 한국인 식사 문화에 해당하는 음식으로 [반찬] 문화가 없는 영미권 원어민에게는 side dishes가 무엇인지 별도의 설명이 필요할 수 있어요.

▶ When you get luhch **from a convenience store**, it includes a bunch of different side dishes.

= 편의점에서 점심을 사 먹으면 푸짐한 여러 반찬들이 들어 있어요.

③

밥도 괜찮고, 그리고 저렴하고, 가격도 낮아서...

저렴한 가격에 / 질이 좋은 밥도 포함되어 있어요.

It includes good quality steamed rice at a low price.

문장 어순 그것(편의점 점심 도시락)에는 / 포함되어 있다 / 질이 좋은 밥도 / 저렴한 가격에

(**②**+**③** → It includes+목적어1+and+목적어2)

문장 도출

① good quality steamed rice = 질 좋은 찐 밥

　* 참고로 영미권 원어민들에게 rice라고만 하면 조리가 안 된 [생쌀]로 받아들이기 때문에
　　steamed rice(찐 밥 = 조리된 밥)이라고 밝혀 주면 뜻을 더욱 정확하게 전달할 수 있어요.

　include good quality steamed rice
　= 질이 좋은 밥이 포함되어(들어) 있다

② 명사+at a low price = 저렴한 가격에(의) ~

　* 정확한 가격대를 콕 집어 말할 때 전치사 at을 사용해요.

　include good quality steamed rice at a low price
　= 저렴한 가격에 질이 좋은 밥이 들어있다

▶ It includes good quality steamed rice at a low price.

= 그것(편의점 점심 도시락)에는 저렴한 가격에 질 좋은 밥도 들어 있어요.

앞서 배운 내용을 토대로 영어로 써 보면서 제대로 이해했는지 점검해 보세요.

❶ 보통 요즘은 기본 (밖에서 먹으려면) 최소 만 원이 넘는 거 같고

요즘

➡

(당신이) 밖에서 밥을 사 먹으면

➡

(당신은) 돈을 내야 한다

➡

한 끼에 최소 만 원 넘게

➡

요즘 밖에서 밥을 사 먹으면 최소 만 원 넘게 돈을 내야 해요.

➡

❷ 여러 반찬을 한꺼번에 먹을 수 있고

(당신이) 편의점에서 점심을 사 먹으면

➡

그것(편의점 점심 도시락)에는 포함된다

➡

푸짐한 여러 가지 반찬이

➡

편의점에서 점심을 사 먹으면 푸짐한 여러 반찬들이 포함되어 있어요.

➡

❸ 밥도 괜찮고, 그리고 저렴하고, 가격도 낮아서...

그리고 질이 좋은 (조리가 된) 밥도

➡

저렴한 가격에

➡

그리고 저렴한 가격에 질이 좋은 밥도

➡

❷+❸ 편의점에서 점심을 사 먹으면 푸짐한 여러 반찬들이 들어 있고, 저렴한 가격에 질이 좋은 밥도 들어 있어요.

➡

최대한 자연스럽게 영어로 말해 보기
MP3를 듣고 따라 하면서 내가 하는 말처럼 자연스럽게 메시지를 전달해 보세요. 🎧 12

❶ These days when you eat out, you have to pay over $10 a meal. ❷ When you get lunch from a convenience store, it includes a bunch of different side dishes ❸ and good quality steamed rice at a low price.

___월 ___일 ☀ ☁ ☂ ☃

13 외식 한 끼 가격으로 편의점에서 일주일 식사를 해결해요

> 🔊 앵커 멘트 편의점 식사로 가장 인기 있는 건 가성비 좋은 도시락입니다. 통신사 할인과
> 자체 할인 행사 등으로 저가의 도시락이 판매되고 있습니다.
>
> 🎤 인터뷰 할인가로 편의점 점심을 즐기는 손님
> 보통 밖에 나가면 만 원은 기본적으로 넘으니깐, 2천 원씩 할인을 받으면 밖에 나가서
> 먹을 한 끼 가격으로 일주일을 해결할 수 있으니 훨씬 좋을 거 같아요. 돈도 아끼고...

한국어로 키워드 적어 보고 말해 보기

원문 l 내용을 사건순서/인과관계에 따라 키워드를 적어 보고 최대한 똑같이 한국어로 말해 보세요.

이해도 체크하기 ✓ 문맥 상황☐ 화자의 의도/핵심 포인트☐ 행간 의미☐

_____

_____

_____

영어로 작성해 보고 말해 보기

한국어 원문 메시지를 최대한 가까운 뜻의 영어로 작성해 보고 말해 보세요.

❶ 보통 밖에 나가면 만 원은 기본적으로 넘으니깐 [when절+주어+동사]

_____

❷ 2천 원씩 할인을 받으면 밖에 나가서 먹을 한 끼 가격으로 일주일을 해결할 수 있으니

훨씬 좋을 거 같아요. [if절+가주어+동사+진주어]

_____

❹ 돈도 아끼고... [부사구(결과적으로 종합해 보면), 가주어+동사+진주어]

_____

get a discount 할인을 받다   allow A to cover B A가 B를 감당할 수 있게 하다   worth of ~ ~의 가치

나도 말할 수 있는 영어로 스토리텔링하기

원문 메시지를 파악하고 영어로 표현하는 방식을 이해하면서 스토리텔링을 해 보세요.

보통 밖에 나가면 만 원은 기본적으로 넘으니깐

밖에서 사 먹게 되면 / 기본적으로 (끼니당) 10불은 넘게 내야 해요.

When you **eat out**,
you basically have to spend over $10 a meal.

문장 어순 밖에서 사 먹게 되면 / 당신은(일반주어) 기본적으로 (비용을) 내야 한다 / 끼니당 10불 넘게

문장 도출

① When you+동사(A)+you have to+동사(B). = A를 할 때(하면) B를 해야 한다.

eat out = 밖에서 사 먹다, 외식하다 (≠ eat outside = 밖(장소)에서 먹다)

when you eat out, you have to ~ = 밖에서 사 먹게 되면 ~해야 한다

② basically = 기본적으로

spend over+액수+a meal = 한 끼에(끼니당) ~ 넘게 (돈을) 쓰다

you basically have to spend over $10 a meal

= 기본적으로 끼니당 10불은 넘게 (돈을) 내야 한다

* 만 원은 기본적으로 넘으니깐 → [해당 (물건) 가격이 만 원이 넘는다]는 게 핵심 포인트가 아니라 [내가 $10 넘게 돈을 써야 한다]는 게 포인트!

▶ When you eat out, you basically have to spend over $10 a meal.
= 밖에서 사 먹게 되면 기본적으로 끼니당 10불 넘게 내야 해요.

❷ 2천 원씩 할인을 받으면 밖에 나가서 먹을 한 끼 가격으로
일주일을 해결할 수 있으니 훨씬 좋을 거 같아요.

만약 당신이 2천 원씩 매번 할인을 받으면 / 그것(그런 사실)은 /
당신이 아낀 돈으로 / 일주일 점심 비용(할인 가치)을 충당하게 해줄 거예요.

**If you get a $2 discount each time, it will allow you to cover
a week's worth of lunches with the money you save.**

문장 어순 만약 당신이 2천 원씩 매번 할인을 받으면 / 그것(그런 사실)은 당신이 충당할 수
있게 해줄 것이다 / 일주일 점심 비용(할인 가치)을 / 당신이 아낀 돈으로

문장 도출

① get a+액수+discount = ~(만큼) 할인을 받다 / each time = 매번
  if you get a $2 discount each time = (만약 당신이) 2천 원씩 매번 할인을 받으면
  * [끼니마다 = per lunch]보다 [매번 = each time] 할인 받는다는 사실이 포인트!

② allow+A(대상)+to부정사 = A가 ~하게 (허락)하다/가능하게 하다
  cover = 전체를 덮다, (비용 등을) 충당/감당하다 *부족한 것을 보충하여 채우고 덮는다는 의미
  a week's worth of **lunches** = 일주일 점심 비용(→ 할인 가치)
  it will allow you to cover a week's worth of lunches with the money you
  save
  = (그런 사실은) 아낀 돈으로 (당신이) 일주일 점심 비용(할인 가치)을 충당할 수 있게 해줄
  것이다
  * 그렇게 2천 원씩 아낀 돈이 일주일 동안 쌓이면 1만원(한끼 식사값 가치)이 됨

▶ If you get a $2 discount each time, it will allow you to cover a week's
  worth of lunches with the money you save.
  = 2천 원씩 매번 할인을 받으면 아낀 돈으로 일주일치 점심 비용(할인 가치)을 충당할
  수 있게 해줄 거예요.

❸

돈도 아끼고...

결과적으로 모두 종합해 보면 / 다른 것들보다 /
편의점 점심(을 먹는 것)이 훨씬 더 좋아요.

All in all, it's much better to have convenience store lunches instead.

문장 어순 결과적으로 모두 종합해 보면 / 편의점 점심(을 먹는 것)이 훨씬 더 좋다 / 다른 것들보다

문장 도출

① all in all = 결과적으로 (모두 종합해 보며, 다 따져보면)

 * 마지막 언급으로 [돈도 아끼고...]라고 말하면서 자신의 생각을 결론짓고 있어요. 따라서 앞서 언급한 내용(돈을 어떻게 아끼게 되는지 정리)에 따라 [다 따져 보면 편의점 점심이 다른 것과 비교하여 훨씬 더 좋다]와 같이 핵심 메시지(함축된 의미)를 풀어서 전달할 수 있어요.

② All in all, it's much better to부정사. = 결과적으로 ~하는 것이 훨씬 좋다.

 * it = 가주어, to부정사 = 진주어

 have convenience store lunches = 편의점 점심을 먹다

 instead = 다른 것들에 비해, 다른 것들보다 * 비교하여 강조

▶ All in all, it's much better to have convenience store lunches instead.
 = 결과적으로 다른 것들보다 편의점 점심(을 먹는 것)이 훨씬 더 좋아요.

앞서 배운 내용을 토대로 영어로 써 보면서 제대로 이해했는지 점검해 보세요.

❶ 보통 밖에 나가면 만 원은 기본적으로 넘으니깐

(당신이) 밖에서 사 먹게 되면

➡

기본적으로 끼니당 10불 넘게 내야 한다

➡

밖에서 사 먹게 되면 기본적으로 끼니당 10불은 넘게 내야 해요.

➡

❷ 2천 원씩 할인을 받으면 밖에 나가서 먹을 한 끼 가겨으로 일주일을 해결할 수 있으니 훨씬
좋을 거 같아요.

만약 당신이 2천 원씩 매번 할인받으면

➡

그런 사실은(it) 당신이 충당할 수 있게 해줄 것이다

➡

아낀 돈으로 일주일 점심 비용(할인 가치)을

➡

만약 당신이 2천 원씩 매번 할인을 받으면 그런 사실은 당신이 아낀 돈으로 일주일 점심
비용(할인 가치)을 충당하게 해줄 거예요.

➡

❸ 돈도 아끼고...

결과적으로 (= 모두 종합해 보면)

➡

편의점 점심(을 먹는 것)이 훨씬 더 좋다

➡

다른 것들보다

➡

결과적으로 모두 종합해 보면 다른 것들보다 편의점 점심(을 먹는 것)이 훨씬 더 좋아요.

➡

최대한 자연스럽게 영어로 말해 보기
MP3를 듣고 따라 하면서 내가 하는 말처럼 자연스럽게 메시지를 전달해 보세요.　🎧 13

❶ When you eat out, you basically have to spend over $10 a meal.
❷ If you get a $2 discount each time, it will allow you to cover a
week's worth of lunches with the money you save. ❸ All in all, it's
much better to have convenience store lunches instead.

14 물건들이 마음의 짐이 되어 미니멀 라이프를 결심했어요

🔊 앵커 멘트   살림살이로 가득한 집에서 물건을 덜어 내고, 단순하고 빈 공간의 여유를
즐기는 미니멀 라이프가 인기입니다.

🎤 인터뷰   미니멀 라이프를 결심하고 물건을 정리하기 시작한 주부
(물건들을) 버리고 싶은 마음은 많았는데... 혼자서 해야 한다는 강박감하고 스트레스
가 있어서... 그걸 계속 마음의 짐처럼 들고 있었어요.

한국어로 키워드 적어 보고 말해 보기

원문 내용을 사건순서/인간관계에 따라 키워드를 적어 보고 최대한 똑같이 한국어로 말해 보세요.

이해도 체크하기 ✓   문맥 상황☐   화자의 의도/핵심 포인트☐   행간 의미☐

_____

_____

_____

영어로 작성해 보고 말해 보기

한국어 원문 메시지를 최대한 가까운 뜻의 영어로 작성해 보고 말해 보세요.

❶ (물건들을) 버리고 싶은 마음은 많았는데... [오랫동안 버리고 싶었는데 (못했다)]

_____

❷ 혼자서 해야 한다는 강박감하고 스트레스가 있어서... [주어+동사+because절]

_____

❸ 그걸 계속 마음의 짐처럼 들고 있었어요. [A that turned into B]

_____

_____

get rid of ~ ~을 없애다   feel pressured 압박(감)을 느끼다   feel stressed out 스트레스를 받다   burden 짐, 부담

나도 말할 수 있는 영어로 스토리텔링하기

원문 메시지를 파악하고 영어로 표현하는 방식을 이해하면서 스토리텔링을 해 보세요.

(물건들을) 버리고 싶은 마음은 많았는데...

저는 / 오랫동안 / 물건들을 정말 버리고 싶었어요.

I **have really wanted** to **get rid of** things for a long time.

문장 어순 나는 / 정말 버리고 싶었다 / 물건들을 / 오랫동안

문장 도출

① have really wanted+to부정사 = ~하는 것을 정말 하고 싶었다, 정말 ~하고 싶었다

   for a long time = 오랫동인

   have **really** wanted <u>to do for a long time</u>

   = <u>오랫동안</u> 정말 ~하고 싶었다

   * [버리고 싶은 <u>마음은 많았는데</u>...] → [오랫동안 너무 하고 싶었는데 아직까지 못했다]라는 행간
     의 의미를 현재 완료(have+p.p)를 사용해서 전달할 수 있어요.

② get rid of ~ = ~을 처리하다, ~을 없애다 / thing = 물건, 사물

   get rid of things = 물건들을 (싹 다 없애) 버리다

   * 단순히 물건을 쓰레기통에 버린다(throw away, trash)는 느낌보다 [싹 다 없애 버린다]는 뜻
     의 get rid of로 확실하게 의미 전달을 할 수 있어요!

▶ I have really wanted <u>to get rid of</u> **things** for a long time.

   = 오랫동안 **물건들을** 정말 <u>버리고</u> <u>싶었어요</u>.

❷ 혼자서 해야 하다는 강박감하고 스트레스가 있어서...

저는 / 혼자서 해야 하는 것 때문에 / 압박을 느끼고 스트레스를 받았어요.

I felt pressured and stressed out
because I had to deal with it by myself.

문장 어순 나는 압박을 느꼈고 스트레스를 받았다 / 내가 그것(그 일)을 해야 했기 때문에 /
혼자서

문장 도출

① feel pressured = 압박(감)을 느끼다, 부담(감)을 느끼다

feel stressed out = 스트레스를 받다

I felt pressured and (felt) stressed out. * 동일한 어휘(felt) 중복 피하기

= 나는 압박(감)을 느꼈고 스트레스를 받았다.

② deal with = (문제 · 과제 등을) 처리하다, 해결하다

(* figure out = (그 모양새가 드러나서) (1)이해하고 (2)해결하다)

by oneself = 스스로 (힘으로) 혼자, 도움을 받지 않고

because I had to deal with it by myself

= 혼자서 그것(그 일)을 (해결)해야 했기 때문에

(* it = to get rid of things)

▶ I felt pressured and stressed out because I had to deal with it by myself.

= 혼자서 해야 하는 것 때문에 압박을 느끼고 스트레스를 받았어요.

3

그걸 계속 마음의 짐처럼 들고 있었어요.

그러한 물건의 짐들이 / 마음의 짐(부담)이 되었어요.

It was a physical burden that turned into an emotional one.

문장 어순 그것은 = 그러한(버리지 못한) 물건은 / 물리적 짐이었다 / 마음의 짐(부담)이 되어 버린

문장 도출

① burden = 부담(감), 짐

  physical/emotional burden = 물리적 짐 (실세 물건 자체) / 감정적(마음의) 짐

  It was a physical burden. (* it = that kind of things)

  = 그것은(그러한 물건은) 물리적(물건 자체가) 짐이었다.

② turn into ~ = ~로 변하다/바뀌다

  A that truned into B = B로 변한/바뀐 A

  a physical burden that turned into an emotional one (* one = burden)

  = 감정적인 부담으로 바뀐 물리적인 짐

  * 위에서와 같이 [마음의 짐처럼 들고 있었다 → 마음의 짐으로 바뀌었다(짐이 되었다)]와 같이 화자가 전하고자 하는 메시지(핵심 포인트)를 파악하여 전달하는 것이 중요해요. 비슷한 맥락 으로 not only A but also B(A뿐만 아니라 B도)를 활용하여 아래의 문장처럼 표현할 수도 있어요.

    → It was not only a physical burden but also an emotional one.

      = 그러한 물건은 물리적인 짐이기도 하지만 마음의 짐이었어요.

> It was a physical burden that turned into emotional one.
>   = 그러한 물건의 짐들이 마음의 짐이 되었어요. (문맥상 자연스럽게 해석)

영어로 써 보면서 정리하기

앞서 배운 내용을 토대로 영어로 써 보면서 제대로 이해했는지 점검해 보세요.

❶ (물건들을) 버리고 싶은 마음은 많았는데...

나는 정말 물건들을 버리고 싶었다

➡

오랫동안

➡

저는 오랫동안 물건들을 정말 버리고 싶었어요.

➡

❷ 혼자서 해야 한다는 강박감하고 스트레스가 있어서...

나는 압박을 느꼈다

➡

그리고 스트레스를 받았다

➡

내가 그것(그 일)을 해야 했기 때문에

➡

혼자서

➡

저는 혼자서 그 일을 해야 하는 것 때문에 압박을 느끼고 스트레스를 받았어요.

➡

❸ 그걸 계속 마음의 짐처럼 들고 있었어요.

그것은(= 그러한 버리지 못한 물건은) 물리적 짐이었다

➡

마음의 짐이 되어버린

➡

그것은(→ 그러한 물건의 짐들이) 마음의 짐이 되었어요.

➡

MP3를 듣고 따라 하면서 내가 하는 말처럼 자연스럽게 메시지를 전달해 보세요. 🎧 14

❶ I have really wanted to get rid of things for a long time. ❷ I felt pressured and stressed out because I had to deal with it by myself. ❸ It was a physical burden that turned into an emotional one.

___월 ___일 ☀ ☁ ☂ ⚓

15 미니멀 라이프로 이제는 물건값을 갚기 위해 살지 않아요

◀) 앵커 멘트 미니멀 라이프를 추구하는 사람들이 있습니다. A 씨도 물건만을 추구했던 삶에서 4년 전 갑자기 건강이 나빠지면서 생각을 바꿨습니다.

🎤 인터뷰 미니멀 라이프로 삶의 패턴을 바꾼 직장인

물건값을 갚기 위해서 일은 과중되고 물건은 늘어나고, 너무 피곤하고 그랬는데...

그러다가 건강에 이상이 생겼어요. 아, 내가 이렇게 살고 싶었던 건 아닌데...했어요.

한국어로 키워드 적어 보고 말해 보기

원문 내용을 사건순시/인과관계에 따라 키워드를 적어 보고 최대한 똑같이 한국어로 말해 보세요.

이해도 체크하기 ✓ 문맥 상황 ☐ 화자의 의도/핵심 포인트 ☐ 행간 의미 ☐

_____

_____

_____

영어로 작성해 보고 말해 보기

한국어 원문 메시지를 최대한 가까운 뜻의 영어로 작성해 보고 말해 보세요.

❶ 물건값을 갚기 위해서 일은 과중되고 물건은 늘어나고, 너무 피곤하고 그랬는데...

[have to work+to부정사]

_____

❷ 그러다가 건강에 이상이 생겼어요. [lead to ~ = ~로 이어지다, ~을 초래하다]

_____

❸ 아, 내가 이렇게 살고 싶었던 건 아닌데...했어요. [I thought+that절]

_____

lead to ~ ~로 이어지다, ~를 초래하다   one's health issues 건강 문제(들)   life 인생   make money 돈을 벌다

나도 말할 수 있는 영어로 스토리텔링하기

원문 메시지를 파악하고 영어로 표현하는 방식을 이해하면서 스토리텔링을 해 보세요.

물건값을 갖기 위해서 일은 과중되고 물건은 늘어나고,
너무 피곤하고 그랬는데...

저는 / 더 많은 돈을 벌어 그 물건을 사려고 /
훨씬 더 열심히 일해야만 했어요.

I had to work even harder
to make more money and to get the things I have.

문장 어순 나는 / 훨씬 더 열심히 일해야만 했다 / 더 많은 돈을 벌기 위해서 / (지금은 갖게 된) 그 물건을 사려고

문장 도출

① **have to+동사원형** = ~해야(만) 한다

I had to work even harder. = 저는 훨씬 더 열심히 일해야 했어요.

* [일이 과중되다] → [일정 한도를 벗어난 일을 해야 했다 = 훨씬 더 열심히 일해야만 했다]로 핵심 메시지를 이해하기 쉽게 풀어서 전달할 수 있어요.

② **동사+to부정사** = ~하기 위해 ~(동사)하다 (부사적 용법) / **make money** = 돈을 벌다

get things = 물건을 얻다/사다 (* **stuff**는 주로 정해지지 않은 불특정한 물건에 사용되며 **thing**은 더 구체적으로 가지고 싶은 물건을 지칭할 수 있어요.)

to get the things (that) I have = (지금은) 내가 갖게 된 그 물건을 사기 위해

동사+to make more money and to get the things I have (to부정사+and+to부정사)

= 더 많은 돈을 벌어서 (지금은 갖게 된) 그 물건을 사기 위해 ~하다

▶ I had to work even harder to make more money and to get the things I have.

= 더 많은 돈을 벌어 그 물건을 사려고 훨씬 더 열심히 일해야만 했어요.

105

②

그러다가 건강에 이상이 생겼어요.

결국에는 / 그런 일들이 / 저의 건강 문제로 이어졌어요.

Eventually, that led to my health issues.

문장 어순 결국에는 / 그것은 = (앞에서 언급한) 그런 일들이 / 나의 건강 문제로 이어졌다

문장 도출

① eventually, 주어+동사 = 결국(에는) 주어가 ~하다

* [그러다가] → [그러한 일들이 계속된 결과 = 결국에는]과 같은 의미로 eventually 외에도 after all(이런 저런 것들 다 따져보니 결국엔)을 써서 말할 수도 있어요. 참고로 finally(마침내, 결국)를 써서 말하면 [그렇게 건강이 나빠지기를 기다렸는데 결국에(미침내) ~]와 같은 의미로 동하기 때문에 구별해서 쓰는 것이 좋아요.

② lead to ~ = ~로 이어지다, ~를 초래하다

one's health issues = (누구의) 건강상의 문제

* 참고로 [건강에 이상이 있다]고 말할 땐 have bad health라고 표현하지 않으며, be in bad health(건강 상태가 좋지 않다)라고 표현할 수 있어요.

A(원인)+led to my health issues

= A는 내 건강 문제로 이어졌다

→ A로 인해 건강에 문제가 생겼다

❯ Eventually, that led to my health issues.

= 결국에는, 그로 인해 제게 건강 문제가 생겼어요.

→ 그 결과(그러다가) 건강에 이상이 생겼어요.

아, 내가 이렇게 살고 싶었던 건 아닌데...했어요.

이건 내가 살고 싶었던(살고자 한) 삶은 아니라고 / 생각했어요.

I thought this is not the life I want to live.

문장 어순 나는 생각했다 / 이건 그(러한) 삶이 아니라는 것을 / 내가 살고 싶었던(살고자 한)

문장 도출

① I think+(that)+주어+동사.

= 나는 주어가 ~한다고 생각한다.

I think (that) this is not the life.

= (나는) 이건 그(러한) 삶이 아니라고 생각한다.

* 이 문장에서 that은 명사절(문장에서 목적어 역할)을 이끄는 접속사로 생략 가능해요. 따라서 생략 가능한 말을 빼고 간결하게 말하는 게 더 좋아요.

② I think (that) this is not the life+[that/which+주어+동사].

= 이건 [주어가 ~하는] 삶이 아니라고 생각한다.

* 선행사가 사물일 때는 관계 대명사 which(선행사가 사물일 때 사용) 또는 that(선행사가 사람이나 사물일 때 모두 사용)을 쓸 수 있어요.

[문장1] This is not the life(선행사).

[문장2] I want to live the life(목적어).

[문장1 + 문장2] This is not the life [(which/that) I want to live ~~the life~~].

* 관계대명사 which/that은 동사 live의 목적어 역할을 하므로 생략 가능

▶ I though this is not the life I want to live.

= 이건 내가 살고 싶었던(살고자 한) 삶은 아니라고 생각했어요.

앞서 배운 내용을 토대로 영어로 써 보면서 제대로 이해했는지 점검해 보세요.

❶ 그 물건값을 갖기 위해서 일은 과중되고 물건은 늘어나고, 너무 피곤하고 그랬는데...

나는 일해야만 했다

➡

더 많이 더 열심히

➡

더 많은 돈을 벌기 위해서

➡

그리고 (지금은) 갖게 된 그 물건을 사기 위해서

➡

저는 더 많은 돈을 벌어 그 물건을 사려고 더 많이 더 열심히 일해야만 했어요.

➡

❷ 그러다가 건강에 이상이 생겼어요.

결국에는

➡

그것은(그런 일들이) 나의 건강 문제들로 이어졌다

➡

결국에는 그로 인해 제게 건강 문제들이 생겼어요.

➡

❸ 아, 내가 이렇게 살고 싶었던 건 아닌데...했어요.

나는 생각했다

➡

이것은 그(러한) 삶이 아니라고

➡

내가 살고 싶었던(살고자 한)

➡

이건 내가 살고 싶었던(살고자 한) 삶이 아니라고 생각했어요.

➡

최대한 자연스럽게 영어로 말해 보기

MP3를 듣고 따라 하면서 내가 하는 말처럼 자연스럽게 메시지를 전달해 보세요. 🎧 15

❶ I had to work even harder to make more money and to get the things I have. ❷ Eventually, that led to my health issues. ❸ I thought this is not the life I want to live.

PART 3

시대의 변화

___월 ___일 ☀ ☁ ⛆ ⛄

16 AI의 위험성을 경고하고자 대표 교수가 구글을 떠났습니다

🔊 앵커 멘트 인공지능 AI 연구의 대부로 꼽히는 제프리 힌튼 교수가 AI의 위험성을
알리기 위해, 10년 이상 몸담았던 구글을 떠났습니다.

🎤 인터뷰 제프리 교수의 AI 위험성 우려의 말 인용

구글 AI 연구원이었던 제프리 교수가 구글을 떠났습니다. 그는 AI가 생성한 가짜
사진과 동영상, 글이 넘쳐나며 사람들은 더는 무엇이 진실인지 알 수 없게 될 거라고
말했습니다.

한국어로 키워드 적어 보고 말해 보기

원문 내용을 사건순서/인과관계에 따라 키워드를 적어 보고 최대한 똑같이 한국어로 말해 보세요.

이해도 체크하기 ✓   문맥 상황☐   화자의 의도/핵심 포인트☐   행간 의미☐

_____

_____

_____

영어로 작성해 보고 말해 보기

한국어 원문 메시지를 최대한 가까운 뜻의 영어로 작성해 보고 말해 보세요.

❶ 구글 AI 연구원이었던 제프리 교수가 구글을 떠났습니다.

_____

❷ 그는 AI가 생성한 가짜 사진과 동영상, 글이 넘쳐나며 [He said+that절]

_____

❸ 사람들은 더는 무엇이 진실인지 알 수 없게 될 거라고 말했습니다.

_____

_____

quit one's job 직장을 그만두다   article 글, 기사   created by A A가 생성한   fake 가짜의

나도 말할 수 있는 영어로 스토리텔링하기

원문 메시지를 파악하고 영어로 표현하는 방식을 이해하면서 스토리텔링을 해 보세요.

 구글 AI 연구원이었던 제프리 교수가 구글을 떠났습니다.

구글 연구원 중 한 명인 / 제프리 교수가 / 구글을 그만두었습니다.

One of the Google researcher**s**, Geoffrey Hinton, quit his job.

문장 어순 구글 연구원 중 한 명인 / 제프리 교수가 / 직장을(구글을) 그만두었다

문장 도출

① one of the+복수명사 = ~중의 하나

one of the Google researcher**s** – 구글 연구원 중의 한 명

one of the Google researchers, **Geoffrey Hinton**

= 구글 연구원 중의 한 명인 제프리 힌튼 (교수)

* 영어로 사람을 소개할 때는 [기관(직책), 사람 이름(이름+성)]의 순서로 나열해요. 여기서 콤마 (,)의 용도는 동격을 나타내어 [구글 연구원 중의 한 명 = 제프리 힌튼]을 나타내고 있어요.

② quit one's job = 직장을 그만두다

* [구글을 떠났다] → [직장을 그만두었다]와 같이 속뜻으로 풀이할 수 있으며 resign(사직하다, 물러나다)을 사용해도 괜찮아요.

Tip 주어와 동사 사이에 삽입되는 어구나 절이 있는 경우 동사 앞에 콤마(,)를 기재하여 주어와 동사를 구분해 줘요. 또한 주어가 길고 복잡할 경우에도 이해를 돕기 위해 주어와 동사 사이에 콤마(,)가 사용되기도 해요.

▶ One of the Google researchers, Geoffrey Hinton, quit his job.

= 구글 연구원 중 한 명인 제프리 힌튼 교수가 구글을 그만두었습니다.

❷ 그는 AI가 생성한 가짜 사진과 동영상, 글이 넘쳐나며

그는 / AI에 의해 만들어진 수없이 많은 가짜 사진들과 동영상들,
글들이 있을 거라고 / 말했습니다.

He said that there would be a number of fake photos,
videos and articles created by AI.

문장 어순 그는 말했다 / 있을 것이라고 / 수없이 많은 가짜 사진들과 동영상들, 글들이 / AI에
의해 만들어진

문장 도출

① **He said (that)+주어+동사** = 그는 주어가 ~한다고 말했다

　* 누군가가 한 말을 전달(인용)할 경우, say that을 활용해요. 한편 어떤 일련의 사건/스토리를
　열거한다면 tell을 써서 말할 수 있어요.

② **there would be a number of+복수명사** = 수(없이)많은 ~들이 있을 것이다

　He said (that) there would be a number of+복수명사

　= 그는 수없이 많은 ~들이 있을 것이라고 말했다

③ **fake** = 가짜의, 거짓된

　fake photos, videos and articles = 가짜 사진들과 동영상들, (그리고) 글들

　* A, B and C → 동일한 형식의 어휘나 표현을 나열할 때 사용하는 구조

　a number of fake photos, videos and articles created by AI

　= AI에 의해 만들어진 수없이 많은 가짜 사진들과 동영상들, 글들

▶ **He said that** there would be a number of fake photos, videos and
articles **created by AI.**

　= 그는 AI에 의해 만들어진 수없이 많은 가짜 사진들과 동영상들, 글들이 있을 거라고
　말했습니다.

사람들은 더는 무엇이 진실인지 알 수 없게 될 거라고 말했습니다.

사람들은 / 진짜와 가짜를 / 구별할 수 없게 될 것입니다.

People would not be able to tell which are real and which are fake.

문장 어순 사람들은 / 구별할 수 없게 될 것이다 / 어떤 것이 진짜이고 어떤 것이 가짜인지

(**❷**+**❸** = He said A+and+B.)

문장 도출

① 주어+would not be able to+동사원형

= 주어는 ~할 수 없게 될 것이다

* 앞 주절인 **❷**의 동사(said) 시제에 맞춰서 would로 사용

tell = 말하다, 알다, 판단하다, 구별하다

People would not be able to tell A.

= 사람들은 A를 구별할 수 없게 될 것이다.

② real = 진짜의 / fake = 가짜의

which are real and which are fake

= 어떤 것(들)이 진짜이고 어떤 것(들)이 가짜인지

* which는 (이중에서) 어떤/어느 것(들)로 선택 사항 중에서 고를 수 있는 구체적인 것을 지칭하는 반면, what은 (일반적으로) 무엇, 어떤 것(들)로 선택지가 없는 상황에서 말하는 일반적인 것을 지칭해요.

▶ **People would not be able to tell which are real and which are fake.**

= 사람들은 어떤 것이 진짜이고 어떤 것이 가짜인지 구별할 수 없을 것입니다.

→ 사람들은 진짜와 가짜를 구별할 수 없게 될 것입니다.

앞서 배운 내용을 토대로 영어로 써 보면서 제대로 이해했는지 점검해 보세요.

❶ 구글 AI 연구원이었던 제프리 교수가 구글을 떠났습니다.

구글 연구원 중 한 명인

➡

제프리 힌튼(교수)이

➡

직장을(구글을) 그만두었다

➡

구글 연구원 중 한 명인 제프리 교수가 구글을 그만두었습니다.

➡

❷ 그는 AI가 생성한 가짜 사진과 동영상, 글이 넘쳐나며...

그는 말했다

➡

(~들이) 있을 것이라고

➡

수없이 많은 가짜 사진들과 동영상들, 글들이

➡

AI에 만들어진

➡

그는 AI에 의해 만들어진 수없이 많은 가짜 사진들과 동영상들, 글들이 있을 거라고 말했습니다.

➡

❸ 사람들은 더는 무엇이 진실인지 알 수 없게 될거라고 말했습니다.

사람들은

➡

구별할 수 없게 될 것이다

➡

어떤 것이 진짜이고 어떤 것이 가짜인지

➡

사람들은 진짜와 가짜를 구별할 수 없게 될 것입니다.

➡

❷+❸ 그는 AI에 의해 만들어진 수없이 많은 가짜 사진들과 동영상들, 글들이 있을 것이며, 사람들은 진짜와 가짜를 구별할 수 없게 될 것이라고 말했습니다.

➡

최대한 자연스럽게 영어로 말해 보기

MP3를 듣고 따라 하면서 내가 하는 말처럼 자연스럽게 메시지를 전달해 보세요. 🎧 16

❶ One of the Google researchers, Geoffrey Hinton, quit his job.
❷ He said that there would be a number of fake photos, videos and articles created by AI, ❸ and people would not be able to tell which are real and which are fake.

17 AI 기술이 노동 시장에 미칠 영향도 우려됩니다

🔊 앵커 멘트 또한 제프리 힌튼 교수는 AI 기술이 고용 시장을 뒤흔들 것이라고도 주장했습니다.

🎤 인터뷰 구글 떠난 AI 대부 제프리 힌튼 교수의 말 인용

챗GPT 등이 인간의 업무 능력을 보완하기도 하지만 비서나 번역가 등을 대체할 수 있다며 AI 기술이 노동 시장에 미칠 영향에 대해서도 우려했습니다.

한국어로 키워드 적어 보고 말해 보기

원문 내용을 사건순서/인과관계에 따라 키워드를 적어 보고 최대한 똑같이 한국어로 말해 보세요.

이해도 체크하기 ✓ 문맥 상황☐ 화자의 의도/핵심 포인트☐ 행간 의미☐

_____

_____

_____

영어로 작성해 보고 말해 보기

한국어 원문 메시지를 최대한 가까운 뜻의 영어로 작성해 보고 말해 보세요.

❶ 챗GPT 등이 인간의 업무 능력을 보완하기도 하지만 [assist A with B]

_____

❷ 비서나 번역가 등을 대체할 수 있다며 [may also replace]

_____

❸ AI 기술이 노동 시장에 미칠 영향에 대해서도 우려했습니다.

_____

_____

assist 돕다, 조력하다   replace 대체하다   the effect of ~ ~의 영향   labor market 노동 시장

나도 말할 수 있는 영어로 스토리텔링하기

원문 메시지를 파악하고 영어로 표현하는 방식을 이해하면서 스토리텔링을 해 보세요.

챗GPT 등이 인간의 업무 능력을 보완하기도 하지만

챗GPT와 같은 AI 기술들이 / 인간의 일을 도와줄 수 있습니다.

AIs like Chat GPT can assist humans with work.

문장 어순 챗GPT와 같은 AI 기술들이 / 인간의 일을 도와줄 수 있다(인간을 일로 도와줄 수 있다)

문장 도출

① **A like B** = B와 같은 A(= **A such as B** * 다소 격식적인 느낌)

AIs like Chat GPT = 챗GPT와 같은 AI(인공지능 기술)들

* 맥락상 [챗GPT 등 = 챗GPT와 같은 인공지능 기술들]을 의미해요.

② **assist**+대상+**with**+조력하는 것(일) = ~(누군가)가 ~하는 것을 돕다(조력하다)

* [인간의 업무 능력을 보완하다] → [사람의 일을 도와주다]와 같이 전달하고자 하는 핵심 포인트를 파악한 후 쉽게 풀어서 표현하는 것이 좋아요.

assist humans with work = 인간이 일하는 것을 돕다

→ 인간의 일을 돕다(= 인간의 업무 능력을 보완하다)

Tip 3가지 동사의 엄밀한 뜻 차이

• **help** → 어떤 일을 더 쉽게 할 수 있도록 돕다, 거들다

• **assist** → 일의 일부를 떠맡아(어떤 일을 분담하여) 돕다/지원하다, 옆에서 보조하다

• **aid** → 돈이나 장비, 서비스를 제공하여 돕다, 원조/지원하다

▶ AIs like Chat GPT **can assist** humans with work.

= 챗GPT와 같은 AI가 인간의 일을 도와줄 수 있습니다.

❷

비서나 번역가 등을 대체할 수 있다며

▼

(비록 그렇다고는 하지만) / 그것들(AI 기술들)은 /
비서나 번역가 같은 인간의 직업을 / 대신할 수 있습니다.

although they may also replace human jobs
such as assistants or translators

문장 어순 (비록 그렇다고는) 하지만 그것들(AI 기술들)은 / 대신할 수 있다 / 비서나 번역가
같은 인간의 직업을 (❶[주절],+❷[부사절])

문장 도출

① 주절[❶문장], although+주어+동사 (= but it is also true that+주어+동사)

= 주절, (비록 그렇디고는) 하지만 주어가 동사하는 것 또한 사실이다

* 관계 부사(although) 앞에 콤마(,)가 있기 때문에 계속적 용법으로 주절부터 부사절까지 순차
적으로 해석하면 돼요.

② replace = (다른 사람 · 사물을) 대신하다, 대체하다

human job = 인간의 직업 / assistant = 비서 / translator = 번역가

they may also replace human jobs

= 그것들(AI 기술들)은 인간의 직업을 대신하기도 한다(대신할 수도 있다)

they may also replace human jobs such as assistants or translators

= 그것들은 비서나 번역가 같은 인간의 직업을 대신할 수(도) 있다

▶ although they **may also replace** human jobs such as assistants or
translators

= 하지만 그것들은 비서나 번역가 같은 인간의 직업을 대신할 수 있습니다.

③

AI 기술이 노동 시장에 미칠 영향에 대해서도 우려했습니다.

그는 / 노동 시장에 미치는 AI 기술의 영향(= AI가 인간의 일/직업을
차지해서 위험할 수 있다는 점)에 대해서도 / 걱정했습니다.

He was also worried about the effect of AI technology
on the labor market.

문장 어순 그는 또한 걱정했다 / AI 기술의 영향에 대해서 / 노동 시장에 미치는

문장 도출

① be worried about+걱정(우려)의 대상 = ~에 대하여 걱정하다, ~이 걱정이다

(* have concerns about+걱정(우려)의 대상 = ~을 걱정하다)

the effect of ~ = ~의 영향 / labor market = 노동 시장

be worried/have concerns about the effect of AI technology

= AI 기술의 영향을 걱정(우려)하다

be also worried about the effect of AI technology on the labor market

= 노동 시장에 미치는 AI 기술의 영향에 대해서도 걱정하다

▶ He was also worried about the effect of AI technology **on the labor**
market.

= 그는 노동 시장에 미치는 AI 기술의 영향에 대해서도 걱정했습니다.

앞서 배운 내용을 토대로 영어로 써 보면서 제대로 이해했는지 점검해 보세요.

❶ 챗GPT 등이 인간의 업무 능력을 보완하기도 하지만

챗GPT와 같은 AI(기술)들이

➡

인간이 일하는 것을 도와줄 수 있다

➡

챗GPT와 같은 AI(기술)들이 인간이 일하는 것을 도와줄 수 있습니다.

➡

❷ 비서나 번역가 등을 대체할 수 있다며

(비록 그렇다고는) 하지만 그것들(AI 기술들)은 대신할 수도 있다

➡

비서나 번역가 같은 인간의 직업을

➡

(비록 그렇다고는) 하지만 그것들(AI 기술들)이 비서나 번역가 같은 인간의 직업을 대신할 수(도) 있습니다.

➡

❶+❷ 챗GPT와 같은 AI(기술)들이 인간이 일하는 것을 도와줄 수 있(다고는 하)지만 그것들이 비서나 번역가 같은 인간의 직업을 대신할 수(도) 있습니다.

➡

❸ AI 기술이 노동 시장에 미칠 영향에 대해서도 우려했습니다.

그는 또한 걱정했다

➡

AI 기술의 영향에 대해서도

➡

노동 시장에 미치는

➡

그는 노동 시장에 미치는 AI 기술의 영향에 대해서도 걱정했습니다.

➡

최대한 자연스럽게 영어로 말해 보기

MP3를 듣고 따라 하면서 내가 하는 말처럼 자연스럽게 메시지를 전달해 보세요. 🎧 17

❶ AIs like Chat GPT can assist humans with work, ❷ although they may also replace human jobs such as assistants or translators. ❸ He was also worried about the effect of AI technology on the labor market.

Episode

18 어떻게 BTS를 모를 수가 있겠어요

___월 ___일 ☀ ☁ 🌂 💧

> 🔊 앵커 멘트 K-POP은 한국의 국제적인 위상에 기여하고 있는데요. 대체로 10대 중심으로 매니아층이 형성되어 소비를 주도하고 있습니다.

> 🎤 인터뷰 미국 중학교를 다니고 있는 한국 교포 학생
>
> 만약 한국 사람이란 것을 자랑하고 싶으면 BTS를 말하면 딱 좋아요. 어떻게 BTS를 모를 수가 있어요. 그건 마치 간첩같은 사람이죠. 제 주변에 있는 사람들은 다 알고 있고, 정말 좋아해요!

한국어로 키워드 적어 보고 말해 보기

원문 내용을 사건순서/인과관계에 따라 키워드를 적어 보고 최대한 똑같이 한국어로 말해 보세요.

이해도 체크하기 ✓ 문맥 상황☐ 화자의 의도/핵심 포인트☐ 행간 의미☐

_____

_____

_____

영어로 작성해 보고 말해 보기

한국어 원문 메시지를 최대한 가까운 뜻의 영어로 작성해 보고 말해 보세요.

❶ 만약 한국 사람이란 것을 자랑하고 싶으면 BTS를 말하면 딱 좋아요. [if절 활용]

_____

❷ 어떻게 BTS를 모를 수가 있어요.

_____

❸ 그건 마치 간첩 같은 사람이죠. 제 주변에 있는 사람들은 다 알고 있고, 정말 좋아해요!

[live under a rock]

_____

_____

brag 자랑하다   how could ~? 어떻게 ~할 수 있어요?   literally 말 그대로, 정말로   around 주변의

124

나도 말할 수 있는 영어로 스토리텔링하기

원문 메시지를 파악하고 영어로 표현하는 방식을 이해하면서 스토리텔링을 해 보세요.

 만약 한국 사람이란 것을 자랑하고 싶으면 BTS를 말하면 딱 좋아요.

한국인으로 / 만약 당신이 자랑하고 싶다면 / BTS를 아는지 물어보세요.

As a Korean, if you want to brag,
ask them if they know who BTS is.

문장 어순 한국인으로 / 만약 당신이 / 자랑하고 싶다면 / 그들(사람들)에게 물어보아라 / 그들(사람들)이 BTS를 아는지

문장 도출

① If you want to+동사원형, 명령문. = ~하기 원한다면, ~해 보세요.

* 원어민들은 If절을 쓸 때 해당 내용이 가정인지, 조건인지 여부를 따지기 보다는 현실 가능성이 있느냐 없느냐를 따진 후 가능성이 있는 경우라면 자신이 말하고자 하는 시제로 편하게 표현해요.

② as a Korean = 한국인으로(서)

* as+자격(신분·지위) = ~로서, ~라고

brag = 자랑하다

* 많은 자부심을 보이면서 본인/가족, 업적/성과, 자원 등에 대해 자랑스럽게 이야기할 때 사용해요.

as a Korean, if you want to brag = 한국인으로(서) 자랑하고 싶다면

③ ask+대상+if+주어+동사 = ~(누구)에게 주어가 ~한지 아닌지 물어보아라

ask them if they know+who BTS is

= 그들(사람들)에게 BTS(가 누구인지)를 아는지 (모르는지) 물어보아라

▶ As a Korean, If you want to brag, ask them if they know who BTS is.

= 한국인으로 자랑하고 싶다면 BTS를 아는지 물어보세요.

❷

어떻게 BTS를 모를 수가 있어요.

어떻게 사람들이 / BTS를 모를 수가 있겠어요?

How could they not know BTS?

문장 어순 어떻게 사람들이 모를 수가 있는가? / BTS를

문장 도출

① How could+주어+동사? = 어떻게 주어가 ~할 수 있(겠)어요?

How could **they not know**?

= 어떻게 (사람들이) <u>모를</u> 수가 있겠어요? (→ 모를 리가 없다)

* they = 일반 사람들 지칭

How could **they not know** <u>BTS</u>?

= 어떻게 (사람들이) <u>BTS를 모를</u> 수가 있겠어요?

　(→ 다들 BTS를 안다)

▶ How could **they not know** <u>BTS</u>?

= 어떻게 <u>BTS를 모를</u> 수가 있겠어요?

---

③

그건 마치 간첩 같은 사람이죠.
제 주변에 있는 사람들은 다 알고 있고, 정말 좋아해요!

모른다면 / 그건 말 그대로 / 세상과 담을 쌓고 사는 사람이겠죠.
제 주변에 있는 사람들은 모두 다 / 그들(BTS)을 알고 있고, 정말 좋아해요!

It **literally** means you are **living under a rock** if you don't.
Everyone around me knows and loves them!

문장 어순 그건(BTS를 모른다는 것은) 말 그대로 의미한다 / 당신이(여러분/당사자) 살고 있다
는 것을 / 세상과 담을 쌓고 / 만일 모른다면
내 주변에 있는 사람들 모두 다 / 그들(BTS)을 알고 있고, 정말 좋아한다

문장 도출

① it literally means (that) 주어+동사

= (그것은) 말 그대로 주어가 ~하다는 것을 의미한다 / 정말로 ~라는 거다

* 문맥상 it은 앞 문장에서 언급한 내용에 이어 [만일 그 사람이(일반 주어 = you) BTS를 모른다
면 그러한 사실은]과 같이 행간의 의미로 풀이할 수 있어요. 덧붙여 literally(말 그대로, 정말
로)를 써서 전달하고자 하는 사실을 강조할 수 있어요.

② live under a rock = 세상과 담을 쌓고 살다, 세상 물정 모르고 살다

It literally means you are living under a rock.

= (그건) 말 그대로 세상과 담을 쌓고 산다는 것을 의미하겠죠.

* 일반적 행위 서술 주어 you는 해석하지 않아도 자연스러워요.

③ everyone around me = 내 주변의 모든 사람

Everyone around me knows and loves them!

= 제 주변의 사람들은 모두 (BTS를) 다 알고 있고, 정말 좋아해요!

> ▶ It literally **means** you are living under a rock if you don't.
> Everyone around me knows and loves them!
>
> = 모른다면 말 그대로 세상과 담을 쌓고 사는 사람이겠죠. (문맥상 자연스럽게 해석)
> 제 주변에 있는 사람들은 모두 다 BTS를 알고 있고, 정말 좋아해요!

앞서 배운 내용을 토대로 영어로 써 보면서 제대로 이해했는지 점검해 보세요.

❶ 만약 한국 사람이란 것을 자랑하고 싶으면 BTS 말하면 딱 좋아요.

한국인으로(서)

➡

당신이 자랑하고 싶다면

➡

그들(사람들)에게 물어보아라

➡

그들(사람들)이 BTS(가 누구인지)를 아는지를

➡

한국인으로 만약 당신이 자랑하고 싶다면 그들(사람들)에게 BTS(가 누구인지)를 아는지 물어보세요.

➡

❷ 어떻게 BTS를 모를 수가 있어요.

어떻게 그들이(사람들이) 모를 수가 있는가?

➡

BTS를

➡

어떻게 그들이(사람들이) BTS를 모를 수 있겠어요?

➡

❸ 그건 마치 간첩 같은 사람이죠. 제 주변에 있는 사람들은 다 알고 있고, 정말 좋아해요!

그건 말 그대로 의미한다

➡

당신이 세상과 담을 쌓고 살고 있다(는 것을)

➡

만일 모른다면

➡

(그건) 말 그대로 세상과 담을 쌓고 살고 있다는 것을 의미하겠죠. (→ 말 그대로 세상과 담을 쌓고 사는 사람이겠죠.)

➡

내 주변에 있는 사람들은 모두 다

➡

그들(BTS)을 알고 있고, 정말 좋아한다

➡

제 주변에 있는 사람들은 (BTS를) 다 알고 있고, 정말 좋아해요!

➡

최대한 자연스럽게 영어로 말해 보기
MP3를 듣고 따라 하면서 내가 하는 말처럼 자연스럽게 메시지를 전달해 보세요.　🎧 18

❶ As a Korean, if you want to brag, ask them if they know who BTS is. ❷ How could they not know BTS? ❸ It literally means you are living under a rock if you don't. Everyone around me knows and loves them!

19 돈이 많이 들어서 결혼은 생각조차 못하겠어요

🔊 앵커 멘트   경제적 이유 등으로 결혼을 미루는 젊은이들이 늘고 있습니다. 결혼 자체
를 포기하는 이른바 비혼족도 늘고 있습니다.

🎤 인터뷰   결혼 적령기의 여성 직장인

혼자 하고 싶은 게 아직 너무 많고, 결혼이라는 것을 생각하면 가장 먼저 떠오르는 게
돈이 많이 들어서... 지금은 좀 그래요.

한국어로 키워드 적어 보고 말해 보기

원문 내용을 시간순서/인과관계에 따라 키워드를 적어 보고 최대한 똑같이 한국어로 말해 보세요.

이해도 체크하기 ✓   문맥 상황 ☐   화자의 의도/핵심 포인트 ☐   행간 의미 ☐

_____

_____

_____

영어로 작성해 보고 말해 보기

한국어 원문 메시지를 최대한 가까운 뜻의 영어로 작성해 보고 말해 보세요.

❶ 혼자 하고 싶은 게 아직 너무 많고

_____

❷ 결혼이라는 것을 생각하면 가장 먼저 떠오르는 게

_____

❸ 돈이 많이 들어서... 지금은 좀 그래요.

_____

_____

a lot of 많은   getting married 결혼하는 것   expensive 비싼, 돈이 많이 드는   for now 지금(당장)은

130

나도 말할 수 있는 영어로 스토리텔링하기

원문 메시지를 파악하고 영어로 표현하는 방식을 이해하면서 스토리텔링을 해 보세요.

혼자 하고 싶은 게 아직 너무 많고

저는 여전히 / 혼자서 하고 싶은 것들이 많다고 / 생각해요.

I think I still have a lot of things I want to do alone.

문장 어순 나는 생각한다 / 나(에게)는 여전히 많(은 것들)이 있다고 / 내가 혼자서 하고 싶은

문장 도출

① I think (that)+주어+동사.

= 나는 주어가 ~한다고 생각한다. / 주어가 ~하는 것 같나.

② a lot of+셀 수 있는 복수 명사/셀 수 없는 명사(A) = 많은 A

still have a lot of things

= 여전히 많(은 것들)이 있다 → 여전히 많다

③ alone = 혼자 → want to do alone = 혼자서 하고 싶다

I still have a lot of things (that/which) I want to do alone.

= 나는 여전히 (내가) 혼자서 하고 싶은 많은 것들이 있다.

→ 나는 여전히 혼자서 하고 싶은 것들이 많다.

▶ I think I still have a lot of things I want to do alone.

= 저는 여전히 혼자서 하고 싶은 것들이 많다고 생각해요.

131

② 결혼이라는 것을 생각하면 가장 먼저 떠오르는 게

결혼이라는 것을 생각할 때 / 첫 번째로 떠오르는 생각은 ~예요.

**(When it comes to marriage,) The first idea
that comes to my mind is that ~.**

문장 어순 결혼이라는 것을 생각할 때 / 첫 번째 생각은 ~이다 / 떠오르는

문장 도출

① when it comes to+(동)명사 = ~(에 관해서)라면, ~에 대해 말하자면

　　* 이 표현은 ① 대화의 주제를 강조하거나 ② 새로운 주제를 소개하거나 ③ 다른 것과 비교하거
　　나 대조하기 위해 도입부에 즐겨 사용해요.

　　when it comes to **marriage**

　　= 결혼에 관해서라면, 결혼에 대해 말하자면 → 결혼이라는 것을 생각할 때

② the first idea is that ~ = 첫 번째(처음) 생각은 ~이다

　　come to one's mind = 생각이 나다, 생각이 떠오르다

　　the first idea **that comes to my mind** is that ~

　　= 떠오르는 첫 번째 생각은 ~이다 → 첫 번째로 떠오르는 생각은 ~이다

　　* 문장에서 동일한 내용의 메시지가 중복되지 않도록 주의하세요!
　　본 문장에서 when it comes to marriage는 the first idea that comes to my mind와
　　내용이 중복되고 있으며, 후반부(**③**)에 이어질 getting married is expensive(결혼하는 것
　　은 돈이 많이 든다)를 고려해 생략하는 것이 더욱 자연스러워요.

▶ **(When it comes to marriage,)** The first idea **that comes to my mind** is
　that ~.

　= (결혼이라는 것을 생각할 때) 첫 번째로 **떠오르는** 생각은 ~예요.

③ 돈이 많이 들어서... 지금은 좀 그래요.

결혼하는 것은 / 돈이 많이 들어서 / 지금은(당분간은) 하고 싶지 않아요.

Getting married is expensive.
And I don't want to do it, for now.

문장 어순 결혼하는 것은 / 돈이 많이 든다 / 그래서 나는 결혼을 하고 싶지 않다 / 지금은(당분간은) (**②**+**③**)

문장 도출

① get married = 결혼하다 → getting married = 결혼하는 것, 결혼하기 (동명사)

expensive = 비싼, 돈이 많이 드는

Getting married is expensive.

= 결혼하는 것은 돈이 많이 든다.

②+**③** The first idea that comes to my mind is that getting married is expensive.

= (결혼을 생각할 때) 첫 번째 떠오르는 생각은 결혼하는 것은 돈이 많이 든다는 것이다.

② for now = 지금은(현재로선/당장은), 당분간은

I don't want to do it, for now.

= 지금은(현재로서는/당분간은) 그것을(결혼하는 것을) 원하지 않는다.

→ 지금은 (결혼)하고 싶지 않아요.

▶ Getting married is expensive. **And I don't want to do it,** for now.

= 결혼하는 것은 돈이 많이 들어요. 그래서 지금은 하고 싶지 않아요.

앞서 배운 내용을 토대로 영어로 써 보면서 제대로 이해했는지 점검해 보세요.

❶ 혼자 하고 싶은 게 아직 너무 많고

나는 생각한다

➡

나(에게)는 여전히 많(은 것들)이 있다고

➡

내가 혼자서 하고 싶은

➡

저는 여전히 혼자서 하고 싶은 것들이 많다고 생각해요.

➡

❷ 결혼이라는 것을 생각하면 가장 먼저 떠오르는 게

(결혼이라는 것을 생각할 때)

➡

첫 번째 생각은 ~이다

➡

(내 마음에) 떠오르는

➡

(결혼이라는 것을 생각할 때) 첫 번째 떠오르는 생각은 ~이다

➡

❸ 돈이 많이 들어서... 지금은 좀 그래요.

결혼하는 것은

➡

돈이 많이 든다

➡

결혼하는 것은 돈이 많이 들어요.

➡

그래서 나는 그것(결혼)을 하고 싶지 않다

➡

지금은(당분간은)

➡

그래서 저는 지금은 하고 싶지 않아요.

➡

❷+❸ (결혼을 생각할 때) 첫 번째 떠오르는 생각은 결혼하는 것은 돈이 많이 든다는 거예요.
그래서 지금은 결혼을 하고 싶지 않아요.

➡

최대한 자연스럽게 영어로 말해 보기

MP3를 듣고 따라 하면서 내가 하는 말처럼 자연스럽게 메시지를 전달해 보세요. 🎧 19

❶ I think I still have a lot of things I want to do alone. ❷+❸
The first idea that comes to my mind is that getting married is
expensive. And I don't want to do it, for now.

20 결혼하고 싶어도 경제적인 이유로 자꾸 미루게 돼요

🔊 앵커 멘트 　젊은이들이 결혼을 미루는 이유로 소득과 주거, 고용 불안정 같은 경제적

이유를 들었습니다.

🎤 인터뷰 　결혼 적령기의 남성 직장인

결혼하기 싫은 건 아닌데요. 주변에 결혼한 친구들을 보면 돈도 많이 쓰고... 집의

도움이나 대출을 받지 않으면 방 한 칸짜리도 얻기가 힘든 실정이니...

한국어로 키워드 적어 보고 말해 보기

원문 내용을 사건순서/인괴관계에 따라 키워드를 적어 보고 최대한 똑같이 한국어로 말해 보세요.

　이해도 체크하기 ✓ 　문맥 상황 ☐ 　화자의 의도/핵심 포인트 ☐ 　행간 의미 ☐

_____

_____

_____

영어로 작성해 보고 말해 보기

한국어 원문 메시지를 최대한 가까운 뜻의 영어로 작성해 보고 말해 보세요.

❶ 결혼하기 싫은 건 아닌데요.

_____

❷ 주변에 결혼한 친구들을 보면 돈도 많이 쓰고... [Seeing ~, 주어+동사]

_____

❸ 집의 도움이나 대출을 받지 않으면 방 한 칸짜리도 얻기가 힘든 실정이니...

_____

_____

spend money on A A(하는 데)에 돈을 쓰다　　financial support 금전적인 도움　　loan 대출

나도 말할 수 있는 영어로 스토리텔링하기

원문 메시지를 파악하고 영어로 표현하는 방식을 이해하면서 스토리텔링을 해 보세요.

결혼하기 싫은 건 아닌데요.

결혼하는 것에 대해 / 생각해 봤어요.

I've thought about getting married.

문장 어순 나는 생각해 봤다 / 결혼하는 것을

문장 도출

① I have thought about+(동)명사

= ~에 대해 생각해 본 적이 있다 → ~에 대해 생각해 보았다

② get marrid = 결혼하다 → getting marrid = 결혼하는 것 (V-ing = 동명사)

have thought about **getting marrid.**

= 결혼하는 것에 대해 생각해 봤다

* 한국어 원문 내용 그대로 이중 부정문(I don't want to not to get married.)으로 전달하기 보단 핵심 메시지(결혼하는 것에 대해 생각/고민해 봤다)를 파악하여 전달하는 것이 더욱 자연 스러워요.

Tip 핵심 메시지를 전달하되 내용을 왜곡하지 않도록 유의하세요.

- I want to get married. = 결혼하고 싶다.
- I've thought about marriage. = 결혼(사실/상태)을 생각해 본 적이 있다.
- I've thought about getting married. = 결혼하는 것(행위)에 대해 생각/고민해 봤다.

▶ I have thought about **getting marrid.**

= 결혼하는 것에 대해 생각해 봤어요.

②

주변에 결혼한 친구들을 보면 돈도 많이 쓰고

결혼한 제 친구들을 보니 /
돈을 많이 쓰는 것을 / 알게 되었어요.

Seeing my married friends,
I realized that they spent a lot.

문장 어순 결혼한 내 친구들을 보니 / 나는 알게 되었다 / 그들이(친구들이) 돈을 많이 쓰는 것을

문장 도출

① Seeing(= when I saw) my married friends, I realized+깨달은 사실.

= 결혼한 내 친구들을 보니 (나는) ~을 깨닫게(알게) 되었다.

* 분사구문 만들기

   ① 부사절의 주어가 주절의 주어와 같으면 부사절의 주어 생략

   ② 부사절과 주절의 동사 시제가 같다면 부사절의 동사를 현재분사(V-ing)형태로 바꾸기

   ③ 메시지 전달에 접속사의 의미가 중요하지 않을 경우 생략

② I realized that+주어+동사. = 주어가 ~하는/~한다는 것을 (나는) 알게 되었다.

spend money = 돈을 쓰다

spent a lot (of money)

= 많은 돈을 썼다(돈을 많이 썼다)

I realized that they spent a lot.

= (그들이 = 친구들이) 돈을 많이 쓰는 것을 알게 되었다.

▶ Seeing my married friends, I realized that they spent a lot.

= 결혼한 내 친구들을 보니 돈을 많이 쓰는 것을 알게 되었어요.

3 집의 도움이나 대출을 받지 않으면 방 한 칸짜리라도 얻기가 힘든 실정이니…

실제(현실에서는) / 부모님으로부터 금전적인 도움이나 대출을 받지 않으면 /
방 한 칸 아파트도 구하기 힘들어요.

In reality, it's difficult to get a one-bedroom apartment
without financial support from your parents or a loan.

문장 어순 실제(현실에서는) / 방 한 칸 아파트도 구하기 힘들다 / 부모님으로부터 금전적인
도움이나 대출을 받지 않으면

문장 도출

① In reality, it is diffidcult+to부정사. = 실제(현실에서는) ~하는 것은 어렵다.

　* [~가 실정이니] → [실제로는/현실에서는] = in reality / in actuality
　* 진(짜)주어가 긴 형태일 때 문장 뒷 부분으로 보내고 주어 자리에 가(짜)주어 it으로 대체해요.

② one-bedroom apartment = 방 한 칸 아파트

　financial support = 금전적인 도움

　to get a one-bedroom apartment without financial support from your
　parents or a loan

　= 부모님으로부터 금전적인 도움을 받지 않거나 대출을 받지 않고 방 한 칸 아파트를
　구하는 것

　* without A or B = A나 B 없이

▶ In reality, it's difficult to get **a one-bedroom apartment** without financial
support from your parents or a loan.

= 실제(현실적으로) 부모님으로부터 금전적인 도움이나 대출을 받지 않으면 방 한 칸
아파트도 구하기 힘들어요.

영어로 써 보면서 정리하기

앞서 배운 내용을 토대로 영어로 써 보면서 제대로 이해했는지 점검해 보세요.

❶ 결혼하기 싫은 건 아닌데요.

나는 생각해 봤다

➡

결혼하는 것에 대해

➡

결혼하는 것에 대해 생각해 봤어요.

➡

❷ 주변에 결혼한 친구들을 보면 돈도 많이 쓰고

결혼한 내 친구들을 보니

➡

나는 알게 되었다

➡

(그들이) 돈을 많이 쓰는 것을

➡

결혼한 제 친구들을 보니 돈을 많이 쓰는 것을 알게 되었어요.

➡

❸ 집의 도움이나 대출을 받지 않으면 방 한 칸짜리라도 얻기가 힘든 실정이니...

실제(현실에서는)

➡

방 한 칸 아파트도 구하기 힘들다

➡

부모님으로부터 금전적인 도움이나 대출을 받지 않으면

➡

실제로 부모님으로부터 금전적인 도움이나 대출을 받지 않으면 방 한 칸 아파트도 구하기 힘들어요.

➡

최대한 자연스럽게 영어로 말해 보기

MP3를 듣고 따라 하면서 내가 하는 말처럼 자연스럽게 메시지를 전달해 보세요. 🎧 20

❶ I've thought about getting married. **❷** Seeing my married friends, I realized that they spent a lot. **❸** In reality, It's difficult to get a one-bedroom apartment without financial support from your parents or a loan.

PART 4

시민 의식

___월 ___일 ☀ ☁ ☂ ❄

21 놀란 가슴을 쓸어내려야만 했어요

🔊 앵커 멘트   술에 취한 전과범이 초등생을 납치하려다 시민들의 제압으로 인해 미수에
그쳤습니다.

🎤 인터뷰   피해 아동 학부모
소식을 접한 (후) 아이의 부모님은 놀란 가슴을 쓸어내려야만 했습니다. "너무 감사
하죠. 사실 그분 아니었으면 우리 애를 본다 못본다, 장담도 못할 상황이었고요."

한국어로 키워드 적어 보고 말해 보기

원문 내용을 사선순서/인과관계에 따라 키워드를 적어 보고 최대한 똑같이 한국어로 말해 보세요.

이해도 체크하기 ✔   문맥 상황 ☐   화자의 의도/핵심 포인트 ☐   행간 의미 ☐

_____

_____

_____

영어로 작성해 보고 말해 보기

한국어 원문 메시지를 최대한 가까운 뜻의 영어로 작성해 보고 말해 보세요.

❶ 소식을 접한 (후) [after+주어+동사+이야기 · 소식 내용]

_____

❷ 아이의 부모님은 놀란 가슴을 쓸어내려야만 했습니다.

_____

❸ 너무 감사하죠. 사실 그분 아니었으면 우리 애를 어떻게 본다 못본다, 장담도 못할
상황이었고요. [could have happened = 일어날 수도 있었는데 (일어나지 않았다)]

_____

save one's life 누군가의 생명을 구하다   be not sure about ~ ~에 대해 확신(장담)할 수 없다

나도 말할 수 있는 영어로 스토리텔링하기

원문 메시지를 파악하고 영어로 표현하는 방식을 이해하면서 스토리텔링을 해 보세요.

소식을 접한 (후)

(그) 아이의 부모님은 / 아들에게 무슨 일이 일어났는지에 대해 /
듣고 난 후,

after the kid's parents were told about
what happened to **their son,**

문장 어순 그 아이의 부모님은 ~에 대해 듣고 난 후 / 아들에게 무슨 일이 일어났는지

문장 도출

① after+A(주어)+be told about+B(이야기 · 소식)

= A가 B에 대해 듣고 난 후

after the kid's parents were told about+B(이야기 · 소식)

= (그) 아이의 부모님은 B에 대해 (이야기를) 듣고 난 후(= 소식을 접한 후)

 * 아이의 부모님은 <u>(누군가) 전해주는 이야기를 듣게 되었다</u>는 뉘앙스

 ≠ the kid's parents who **heard from** the news

  = 뉴스를 통해 소식을 들은 부모님은

   * 뉴스를 통해 <u>의도치 않게 자연스럽게 소식을 듣게 되었다</u>는 뉘앙스

② A(사건 · 사고)+happen to+B(사람)

= A가 B에게 (우연히) 일어나다/발생하다

what happened to **their son**

= <u>(자신들의) 아들</u>에게 무슨 일이 일어났는지

▶ **after the kid's parents** were told about what happened to their son,

= 아이의 부모님은 아들에게 무슨 일이 일어났는지 (이야기를) 듣고 난 후,

❷ 아이의 부모님은 놀란 가슴을 쓸어내려야만 했습니다.

그들은(아이의 부모님은) / 충격을 받고 공포감을 느꼈지만 /
이젠 안심이 되었습니다.

They **were shocked and terrified** but now they are relieved.

문장 어순 그들은(아이의 부모님은) 충격을 받고 공포감을 느꼈지만 / 이젠 그들은 안심이
되었다 (❶[부사절]+❷[주절])

문장 도출

① 문장1+and/but (now)+문장2

　= ~하고/~지만 (이젠) ~하다 (병렬 구조)

② be shocked/terrified/relieved

　= 충격을 받다/공포를 느끼다(두려워하다)/안도하다(다행으로 여기다)

＊ 참고로 surprised는 보통 긍정적인 놀라움에 즐겨 쓰이는 반면, shocked는 보통 부정적인
놀라움에 즐겨 쓰여요.

▶ They were shocked and terrified **but now they** are relieved.

　= 그들은 충격을 받고 공포감을 느꼈지만 이젠 안심이 되었습니다.

　→ 그들은 놀란 가슴을 쓸어내려야만 했습니다.

너무 감사하죠. 사실 그분 아니었으면 우리 애를 어떻게 본다 못본다,
장담도 못할 상황이었고요.

우리는 아이의 생명을 구해 준 그 남자분께 / 깊이 감사드려요.
우리 아들에게 무슨 일이 있었을지 / 확신(장담)할 수 없었어요.

We **really appreciate** the man who saved our kid's life.
We were not sure what **would have happened** to our son.

문장 어순 우리는 깊이 감사드린다 / 그 남자분께 / 우리 아들의 생명을 구해 준
우리는 확신(장담)할 수 없었다 / 무슨 일이 우리 아들에게 있었을지

문장 도출

① **appreciate** = 진가를 알아보다(인정하다), 고마워하다

   * 누군가/무언가의 가치를 인정하다 → 가치와 노고(진가)를 인정하기 때문에 감사하다

   save one's life = ~의 생명을 구하다

   We really appreciate **the man** who saved our kid's life.

   = 우리는 우리 아이의 생명을 구해 준 그 남자분께 깊이 감사드린다.

② **조동사+현재완료** = 가능성이 있었지만 일어나지 않은 과거의 상황

   would have happened = 일어날 수도 있었는데 (일어나지 않았다)

   We were not sure what would have happened to A.

   = (우리는) A에게 무슨 일이 일어났을지 확신할 수 없었다(= 장담할 수 없었다).

▶ We really appreciate **the man** who saved our kid's life.
We were not sure what would have happened to our son.

   = 우리는 아이의 생명을 구해 준 그 남자분께 깊이 감사드려요.
아들에게 무슨 일이 있었을지 확신(장담)할 수 없었어요.

앞서 배운 내용을 토대로 영어로 써 보면서 제대로 이해했는지 점검해 보세요.

❶ 소식을 접한 (후)

(그) 아이의 부모님은 ~에 대해 듣고 난 후

➡

아들에게 무슨 일이 일어났는지

➡

아이의 부모님은 아들에게 무슨 일이 일어났는지에 대해 듣고 난 후,

➡

❷ 아이의 부모님은 놀란 가슴을 쓸어내려야만 했습니다.

그들은(아이의 부모님은) 충격을 받고 공포감을 느꼈지만

➡

이젠 그들은 안심이 되었다

➡

그들은(아이의 부모님은) 충격을 받고 공포감을 느꼈지만 이젠 안심이 되었습니다.

➡

❶+❷ 아이의 부모님은 아들에게 무슨 일이 일어났는지에 대해 듣고 난 후, 충격을 받고 공포 감을 느꼈지만 이젠 안심이 되었습니다.

➡

❸ "너무 감사하죠. 사실 그분 아니었으면 우리 애를 어떻게 본다 못본다, 장담도 못할 상황이었고요."

우리는 깊이 감사드린다

➡

우리 아들의 생명을 구해 준 그 남자분께

➡

우리는 아이의 생명을 구해 준 그 남자분께 깊이 감사드려요.

➡

우리는 확신(장담)할 수 없었다

➡

무슨 일이 우리 아들에게 있었을지

➡

우리 아들에게 무슨 일이 있었을지 확신(장담)할 수 없었어요.

➡

"우리는 아이의 생명을 구해 준 그 남자분께 깊이 감사드려요. 우리 아들에게 무슨 일이 있었을지 확신(장담)할 수 없었어요."

➡

최대한 자연스럽게 영어로 말해 보기
MP3를 듣고 따라 하면서 내가 하는 말처럼 자연스럽게 메시지를 전달해 보세요. 🎧 21

❶ After the kid's parents were told about what happened to their son, ❷ they were shocked and terrified but now they are relieved. ❸ "We really appreciate the man who saved our kid's life. We were not sure what would have happened to our son."

Episode

22 내 아이 같아서 모른 채 지나칠 수가 없었어요

◀)) 앵커 멘트 어린아이를 납치범으로부터 지켜야겠다는 용기있는 시민들의 행동이 한 가정의 평화를 되찾아 주었습니다.

🎤 인터뷰 아이가 끌려가는 것을 보자마자 납치범에게 달려든 태권도 관장 자연스럽게 자동으로 갔습니다. 아이 보고선 저도 아이를 키우는 아빠로서 만약에 우리 아이가 저렇게 됐다고 한다면 저도 가만히 안 있을 것 같고...

한국어로 키워드 적어 보고 말해 보기

원문 내용을 사건순서/인과관계에 따라 키워드를 적어 보고 최대한 똑같이 한국어로 말해 보세요.

이해도 체크하기 ✔ 문맥 상황☐ 화자의 의도/핵심 포인트☐ 행간 의미☐

영어로 작성해 보고 말해 보기

한국어 원문 메시지를 최대한 가까운 뜻의 영어로 작성해 보고 말해 보세요.

❶ 자연스럽게 자동으로 갔습니다. 아이 보고선... [as soon as ~, 주어+동사]

❷ 저도 아이를 키우는 아빠로서

❸ 만약에 우리 아이가 저렇게 됐다고 한다면 저도 가만히 안 있을 것 같고...

lunge at+대상 ~에게 달려들다   as soon as ~ ~하자마자   do something 뭐라도 하다

150

나도 말할 수 있는 영어로 스토리텔링하기

원문 메시지를 파악하고 영어로 표현하는 방식을 이해하면서 스토리텔링을 해 보세요.

자연스럽게 자동으로 갔습니다. 아이 보고선...

아이를 보자마자, / 주저 없이
그 공격자(아이를 공격한 납치범)에게 달려들었습니다.

As soon as I saw the little boy,
I lunged at the attacker without any hesitation.

문장 어순 아이를 보자마자 / 나는 그 공격자에게 달려들었다 / 주저 없이

> * 문장에서 생략된 내용인 행위자가 행동을 한 원인/동기와 같이 인과관계에 필요한
> 내용 넣기!

문장 도출

① as soon as+주어+동사

= 주어가 ~하자마자/~하자 곧/~한 직후에

as soon as I saw the little boy

= 나는 그 (어린 남자)아이를 보자마자

② lunge at+대상 = ~(누군가)에게 돌진하다/뛰어들다 (= jump at)

attacker = 공격자 (문맥상 아이에게 공격을 가한 납치범을 지칭)

without any hesitation = 어떤 주저함/ 전혀 머뭇거림/지체 없이

→ (따지지 않고) 자동적으로 → 바로

I lunged at the attacker without any hesitation.

= 나는 주저 없이(자동적으로) 그 공격자에게 달려들었다.

▶ As soon as I saw the little boy, I lunged at the attacker without any
hesitation.

= 아이를 보자마자, 주저 없이 그 공격자에게 달려들었습니다.

저도 아이를 키우는 아빠로서

▽

(저도 아이를 키우는) 아빠로서,
(= 저도 아이의 아빠이기 때문에,)

as a father,
(= because I am also a father,)

문장 어순 아빠로서(= 저도 아이의 아빠이기 때문에),+주절(❸).

문장 도출

① as+명사(자격) = ~로서

as a father = 아이의 아빠로서

(= because I am also a father = 저도 아이의 아빠이기 때문에)

* 만약 [한 명의 어린 자녀를 둔 아빠]라는 의미를 더욱 살리고자할 땐 단순하게 a father이라고
말하기 보단 a father of a kid로 표현하는 것이 좋아요.

▶ as a father(= because I am also a father),
= 아빠로서(= 저도 아이의 아빠이기 때문에),

③ 만약에 우리 아이가 저렇게 됐다고 한다면 저도 가만히 안 있을 것 같고...

만약 그 남자아이가 제 아들이었다면, / 저는 뭐라도 했을 겁니다.

If he were my son, I would have done something.

문장 어순 만약 그 남자아이가 내 아들이었다면 / 나는 뭐라도 했을 것이다

문장 도출

① If+주어(A)+were+부어(B), 주어(C)+would have p.p.~.

= 만약 A가 B였다면 C는 ~했을 것이다.

* if가정법 = 실제 현실과 반대되는 상황으로 가정(가짜로 정해서 말함)

  [가정] 그 남자아이가 내 아들이었다면 = [현실] 내 아들이 아님

    → 동사의 과거 시제를 통해 가짜임을 나타냄

if he(the little boy) were my son,

= 만약 그 남자아이가 <u>내 아들</u>이었다면,

* 그 남자아이(the little boy)는 앞 문장과 문맥을 통해 누구를 가리키는지 서로 알고 있기 때문에 그대로 풀어 쓰지 않고 대명사 he로 사용 가능

② do something = 무언가를 하다

If절(과거), I would have done something

= ~였다면, 무언가를(뭐라도) 했을 것이다

    → 가만히 있지 않았을 것이다

▶ If he were my son, I would have done something.

= 만약 그 남자아이가 <u>제 아들</u>이었다면 저는 뭐라도 했을 겁니다.

앞서 배운 내용을 토대로 영어로 써 보면서 제대로 이해했는지 점검해 보세요.

❶ 자연스럽게 자동으로 갔습니다. 아이 보고선...

나는 (어린 남자)아이를 보자마자

➡

나는 그 공격자(아이를 공격한 납치범)에게 달려들었다

➡

주저 없이

➡

(어린 남자)아이를 보자마자, 저는 주저 없이 그 공격자에게 달려들었습니다.

➡

❷ 저도 아이를 키우는 아빠로서

(저도 아이를 키우는) 아빠로서

➡

❸ 만약에 우리 아이가 저렇게 됐다고 한다면 저도 가만히 안 있을 것 같고...

만약 그 (어린 남자)아이가 제 아들이었다면,

➡

나는 뭐라도 했을 것이다

➡

만약 그 남자아이가 제 아들이었다면, 저는 뭐라도 했을 겁니다.

➡

❷+❸ (저도 아이를 키우는) 아빠로서, 만약 그 남자아이가 제 아들이었다면, 저는 뭐라도 했을 겁니다.

➡

최대한 자연스럽게 **영어로 말해 보기**

MP3를 듣고 따라 하면서 내가 하는 말처럼 자연스럽게 메시지를 전달해 보세요. 🎧 22

❶ As soon as I saw the little boy, I lunged at the attacker without any hesitation. ❷ As a father, ❸ if he were my son, I would have done something.

23 가방을 확 잡아채더니 날치기했어요

> 🔊 앵커 멘트　해외여행 중 호텔 주차장에서 한 남성이 가방을 빼앗으려 했고, 가방을 내주지 않고 저항하자 위협했다고 진술했습니다.

> 🎤 인터뷰　날치기를 당한 여행객
>
> 제 주차 자리에 파킹을 했는데 갑자기 누군가 뒤에서 튀어나왔어요. 제 두 팔을 꽉 잡고 가방을 잡아당기더니 날치기했어요. 너무 경황이 없어서 그때는 얼굴을 잘 못 봤어요.

한국어로 키워드 적어 보고 말해 보기

원문 내용을 사건순서/인과관계에 따라 키워드를 석어 보고 최내한 똑같이 한국어로 밀해 보세요.

이해도 체크하기 ✓　문맥 상황 ☐　화자의 의도/핵심 포인트 ☐　행간 의미 ☐

_____

_____

_____

영어로 작성해 보고 말해 보기

한국어 원문 메시지를 최대한 가까운 뜻의 영어로 작성해 보고 말해 보세요.

❶ 제 주차 자리에 파킹을 했는데 갑자기 누군가 뒤에서 튀어나왔어요. [after절+주절]

_____

❷ 제 두 팔을 꽉 잡고 제 가방을 잡아당기더니 날치기했어요. [동사 병렬 구조]

_____

❸ 너무 경황이 없어서 그때는 얼굴을 잘 못 봤어요. [since절+주절]

_____

pop up 튀어나오다　　grab+대상+by one's arms ~의 팔을 꽉 잡다　　be terrified 겁나고 놀라다

나도 말할 수 있는 영어로 스토리텔링하기

원문 메시지를 파악하고 영어로 표현하는 방식을 이해하면서 스토리텔링을 해 보세요.

 제 주차 자리에 파킹을 했는데 갑자기 누군가 뒤에서 튀어나왔어요.

(제가) 제 주차 자리에 파킹한 후 / 누군가 제 뒤에서 / 갑자기 튀어나왔어요.

After I parked in my spot,
someone popped up behind me all of a sudden.

문장 어순 내 주차 자리에 파킹한 후 / 누군가 튀어나왔다 / 내 뒤에서 / 갑자기

문장 도출

① park in+장소 = ~에 주차(파킹)하다

spot = 특정 지점, 자리 (*parking spot = 주차할 수 있는 한 자리)

after I parked in my spot = 내 주차 자리에 주차(파킹)를 한 후

② pop up = 튀어나오다, 불쑥 나타나다

all of a sudden = 갑자기

someone popped up behind me all of sudden

= 누군가 내 뒤에서 갑자기 튀어나왔다

* 문맥에 맞는 적절한 동사 사용으로 내용을 더 맛깔나게 살리기!

came up behind me(내 뒤에서 나왔다) → popped up behid me(내 뒤에서 (갑자기) 튀어나왔다)

▶ After I parked in my spot, someone popped up behind me all of a sudden.

= 제 주차 자리에 파킹한 후 누군가 제 뒤에서 갑자기 튀어나왔어요.

❷ 제 두 팔을 꽉 잡고 가방을 잡아당기더니 날치기했어요.

그 사람이 제 팔을 꽉 잡고 / 가방을 잡아당겼고 /
그것을(가방을) 낚아채듯 가져갔어요.

He grabbed me by my arms,
pulled my purse and snatched it.

문장 어순 그 사람이 내 팔을 꽉 잡았고 / 가방을 잡아당겼고 / 그것을(가방을) 낚아채듯 가져
갔다

문장 도출

① grab = (와락 단단히) 붙잡다, 움켜잡다

grab+대상+by one's arms = ~의 팔을 꽉 잡다

* [잡다/치다/때리다/조르다]와 같이 신체 부위에 손을 대는 동작까지 메시지가 더해질 경우
[동사+대상+전치사+신체 부위] 순으로 말해야 해요!

he grabbed my arms → he grabbed me by my arms (○)

= 그 사람이 내 (두) 팔을 꽉 잡았다

② pull = 잡아당기다

snatch = 잡아(낚아)채다, 잡아 빼앗다

he pulled my purse and snatched it

= 그 사람이 내 가방을 잡아당겼고 그것을(가방을) 낚아채(듯 가져)갔다

▶ He grabbed me by my arms, pulled my purse and snatched it.
= 그 사람이 제 팔을 꽉 잡고 가방을 잡아당겼고 낚아채듯 가져갔어요.

③ 너무 경황이 없어서 그때는 얼굴을 잘 못 봤어요.

처음에는 겁나고 놀라서 / 그 사람의 얼굴을 확실히 보지 못했어요.

Since I **was terrified** at first I couldn't see his face **clearly**.

문장 어순 겁나고 놀라서 / 처음에는 / 나는 그 사람의 얼굴을 보지 못했다 / 확실히

문장 도출

① be terrified = 겁나고 놀라다, 무서워하다, 겁을 먹다

since I was terrified at first

= 처음에는 겁나고 놀라서

* 사전에서 암기한 [한국어 뜻 = 영어 번역]에 맞추어 이미 풀지 않기!

경황이 없다 → 당황하다 = be embressed (×)

Tip **명확한 메시지 전달을 위해 사건의 인과관계와 순서 밝혀주기!**

since/because/as 등으로 사건의 인과관계를 밝혀주거나, at first와 같은 어휘로 사건의 순서를 밝혀주면 보다 명확하게 메시지 전달을 할 수 있어요.

② clearly = 분명히, 확실히, 정확히 → 제대로

I couldn't see his face clearly.

= 나는 그 사람의 얼굴을 확실히 보지 못했다(제대로 얼굴을 못 봤다).

* [얼굴을 잘 못 봤다] → [제대로(선명하게/확실히) 보지 못했다]

> ▶ Since I was terrified **at first I couldn't see his face** clearly.
> = 처음에는 겁나고 놀라서 그 사람의 얼굴을 확실히 보지 못했어요.

앞서 배운 내용을 토대로 영어로 써 보면서 제대로 이해했는지 점검해 보세요.

❶ 제 주차 자리에 파킹을 했는데 갑자기 누군가 뒤에서 튀어나왔어요.

내가 내 주차 자리에 파킹(주차)한 후

➡

누군가 튀어나왔다

➡

내 뒤에서

➡

갑자기

➡

제 주차 자리에 파킹한 후 누군가 제 뒤에서 갑자기 튀어나왔어요.

➡

❷ 제 두 팔을 꽉 잡고 가방을 잡아당기더니 날치기했어요.

그 사람이 내 팔을 꽉 잡았고

➡

가방을 잡아당겼고

➡

그것을(가방을) 낚아채듯 가져갔다

➡

그 사람이 제 팔을 꽉 잡고 가방을 잡아당겼고 가방을 낚아채듯 가져갔어요.

➡

❸ 너무 경황이 없어서 그때는 얼굴을 잘 못 봤어요.

겁나고 놀라서

➡

처음에는

➡

나는 그 사람의 얼굴을 보지 못했다

➡

확실히(제대로)

➡

처음에는 겁나고 놀라서 저는 그 사람의 얼굴을 확실히 보지 못했어요.

➡

MP3를 듣고 따라 하면서 내가 하는 말처럼 자연스럽게 메시지를 전달해 보세요. 🎧 23

❶ After I parked in my spot, someone popped up behind me all of a sudden. ❷ He grabbed me by my arms, pulled my purse and snatched it. ❸ Since I was terrified at first I couldn't see his face clearly.

___월 ___일 ☀️ ☁️ 🌂 ⛄

24 불빛에 비친 강도의 얼굴을 봤어요

🔊 앵커 멘트 해외여행 중 가방을 날치기 당한 강도 피해자는 강도의 인상착이에 대해 언급했습니다.

🎤 인터뷰 날치기 강도를 당한 피해자

그 사람이 도망가다가 돌아봤을 때 후디가 벗겨졌고 가로등 불빛에 얼굴이 비춰서 그를 볼 수 있었어요. 금발 곱슬 머리에 키도 덩치도 컸어요.

한국어로 키워드 적어 보고 말해 보기

원문 내용을 사건순서/인과관계에 따라 키워드를 적어 보고 최대한 똑같이 한국어로 말해 보세요.

이해도 체크하기 ✓ 문맥 상황☐ 화자의 의도/핵심 포인트☐ 행간 의미☐

_____

_____

_____

영어로 작성해 보고 말해 보기

한국어 원문 메시지를 최대한 가까운 뜻의 영어로 작성해 보고 말해 보세요.

❶ 그 사람이 도망가다가 돌아봤을 때 [while절+주절]

_____

❷ 후디가 벗겨졌고 가로등 불빛에 얼굴이 비춰서 볼 수 있었어요. [I could see ~]

_____

❸ 금발 곱슬 머리에 키도 덩치도 컸어요. [문장+and+문장]

_____

_____

run away 도망치다   slide off 미끄러져 벗겨지다   thanks to ~ ~덕분에   big build 큰 덩치

나도 말할 수 있는 영어로 스토리텔링하기

원문 메시지를 파악하고 영어로 표현하는 방식을 이해하면서 스토리텔링을 해 보세요.

그 사람이 도망가다가 돌아봤을 때

그 사람이 도망가다가 / 돌아봤어요.

While he **was running away**, he turned around.

문장 어순 그 사람이 도망가다가 / 돌아봤다

문장 도출

① while+주어+be동사+V-ing

= 주어가 ~하는 동안에 / 주어가 ~하면서 동시에 (다른 한편에서는 ~을 했다)

run away = 도망가다

while he was running away

= 그가 도망가는 동안에 / 도망가면서 (동시에) (다른 한편에서는 ~을 했다)

→ 도망가다가 (~을 했다)

② **turn around** = 뒤돌아보다

he turned around = 그 사람이 돌아봤다

While he was running away, he turned around.

= 그 사람이 도망가면서 (동시에) 돌아봤다. (그 사람이 도망가다가 돌아봤다.)

Tip while절의 주어와 주절의 주어가 같을 경우 [주어+be동사]는 생략이 가능

→ While running away, he turned around.

> While he was running away, he turned around.
> = 그 사람이 도망가다가 돌아봤어요.

② 후디가 벗겨졌고 가로등 불빛에 얼굴이 비춰 볼 수 있었어요.

그 사람의 후디가 벗겨져서 / 가로등 불빛(덕분)에
그의 얼굴을 볼 수 있었어요.

His hoodie slid off and I could see his face
thanks to the streetlight.

문장 어순 그 사람의 후디가 벗겨져서 / 나는 그의 얼굴을 볼 수 있었다 / 가로등 불빛 덕분에
* 복잡한 사건이 여러 개가 나열되어 있을 때는 [시간 순서 또는 원인+결과 순서]로 전달
하기!

문장 도출

① hoodie = 후디 (모자가 딸린 짐퍼, 후드디)
slide off = 미끄러져 벗어지다(떨어지다) → (옷이) 벗겨지다
(= slide down / slip off → 한국어로는 동일한 의미로 해석될지라도 사용된
[동사+전치사]에 따라 원어민들이 이해하는 이미지는 달라짐)
His hoodie slid off. = 그 사람의 후디가 벗겨졌다.

② thanks to ~ = ~덕분에 / street light = 가로등 (불빛)
I could see his face thanks to the streetlight.
= 가로등 불빛 덕분에 나는 그의 얼굴을 볼 수 있었다.
* 한 사건에 연결되어 있는 정보들은 가장 가까이에 두어 [하나의 의미덩어리]로 전달 하는 게
좋아요. → [가로등 불빛 덕분에+그의 얼굴을 볼 수 있었다]

▶ His hoodie slid off and I could see his face thanks to the streetlight.
= 그 사람의 후디가 벗겨져서 가로등 불빛(덕분)에 그의 얼굴을 볼 수 있었어요.

③ 금발 곱슬 머리에 키도 덩치도 컸어요.

그는 금발 곱슬 머리였고 / 큰 덩치에 키가 컸어요.

He had blond curly hair, and
he was tall with a big build.

문장 어순 그는 금발 곱슬 머리였고 / 그는 키가 컸다 / 큰 덩치에

문장 도출

① have+형용사+hair

= ~한 헤어 스타일을 가지고 있다 → (헤어스타일이) ~하다

blond curly hair = 금발 곱슬 머리

He had blond curly hair. = 그는 금발 곱슬 머리였다.

* 참고로 영어를 쓰는 대상은 외국인일 확률이 높기 때문에 같은 동양인(한국인)뿐만 아니라 외국인의 다양한 외모를 설명하는 방법도 익혀 두는 게 좋아요!

② be동사+키/체형(형용사) = (키/체형이) ~하다

big build = 큰 덩치(체구)

He was tall and he had a big build.

= 그는 키가 컸고 덩치가 컸다.

He was tall with a big build.

= 그는 큰 덩치에 키가 컸다.

* 주어가 동시에 지니고 있는 것을 연달아 설명해야 할 때 with를 사용하세요!

▶ **He had blond curly hair, and** he was tall with a big build.

= 그는 금발 곱슬 머리였고 큰 덩치에 키가 컸어요.

앞서 배운 내용을 토대로 영어로 써 보면서 제대로 이해했는지 점검해 보세요.

❶ 그 사람이 도망가다가 돌아봤을 때

그 사람이 도망가면서 (동시에)

➡

그 사람이 돌아봤다

➡

그 사람이 도망가다가 돌아봤어요.

➡

❷ 후디가 벗겨졌고 가로등 불빛에 얼굴이 비춰 볼 수 있었어요.

그 사람의 후디가 벗겨졌다 그리고(= 벗겨져서)

➡

나는 그의 얼굴을 볼 수 있었다

➡

가로등 불빛 덕분에

➡

그 사람의 후디가 벗겨져서 가로등 불빛(덕분)에 그의 얼굴을 볼 수 있었어요.

➡

❸ 금발 곱슬 머리에 키도 덩치도 컸어요.

그는 곱슬 머리였다

➡

그리고 키가 컸다

➡

큰 덩치에

➡

그는 곱슬 머리였고 큰 덩치에 키가 컸어요.

➡

최대한 자연스럽게 영어로 말해 보기
MP3를 듣고 따라 하면서 내가 하는 말처럼 자연스럽게 메시지를 전달해 보세요.
🎧 24

❶ While he was running away, he turned around. ❷ His hoodie slid off and I could see his face thanks to the streetlight. ❸ He had blond curly hair, and he was tall with a big build.

25 의식을 잃고 쓰러져서 정신없이 CPR을 시작했어요

🔊 앵커 멘트   한 남성이 심장 통증을 호소하며 의식을 잃고 쓰러지자 경찰관이 흉부 압박을 시작했습니다.

🎤 인터뷰   응급 처치를 한 경찰관

심장 통증을 호소하니까 심정지가 올 수도 있겠다고 생각을 했었고 뒤로 넘어가서 의식을 잃은 시점에 흉부 압박을 시작했습니다.

한국어로 키워드 적어 보고 말해 보기

원문 내용을 사건순서/인과관계에 따라 키워드를 적어 보고 최대한 똑같이 한국어로 말해 보세요.

이해도 체크하기 ✓   문맥 상황 ☐   화자의 의도/핵심 포인트 ☐   행간 의미 ☐

영어로 작성해 보고 말해 보기

한국어 원문 메시지를 최대한 가까운 뜻의 영어로 작성해 보고 말해 보세요.

❶ 심정지가 올 수도 있겠다고 생각을 했어요. [주어+동사+목적어(that절)]

❷ 심장 통증을 호소하니까 [because+주어+동사]

❸ 뒤로 넘어가서 의식을 잃은 시점에 흉부 압박을 시작했습니다.

have a heart attack 심정지(심장마비)를 일으키다   chest pain 심장 통증   pass out 의식을 잃다

나도 말할 수 있는 영어로 스토리텔링하기

원문 메시지를 파악하고 영어로 표현하는 방식을 이해하면서 스토리텔링을 해 보세요.

심정지가 올 수도 있겠다고 생각을 했었고

저는 / 그분이 심장마비(심정지)를 일으킬 수 있다고 / 생각했어요.

I thought he **could be having** a heart attack.

문장 어순 나는 생각했다 / 그분이 심장마비(심정지)를 일으킬 수 있다고

문장 도출

① I thought+(that)+주어+동사.

= 나는 ~라고 생각했다.

② 주어+could be having ~ = 주어는 분명히 ~할 수 있다

* [could = 가능성] + [be+V-ing = 확실성] → 확실한 근거를 바탕으로 판단의 확실성이 높을 때 [진행형] 사용 (문맥상 경찰관은 해당 남성이 심장 통증을 계속 호소했기 때문에 심장마비를 일으킬 가능성이 높다고 판단함)

③ have a heart attack = 심장마비(심정지)를 일으키다

I thought (that) he could be having a heart attack.

= 나는 그분이 (분명히) 심장마비를 일으킬 수 있다고 생각했다.

▶ I thought he could be having a heart attack.

= 저는 그분이 심장마비를 일으킬 수 있다고 생각했어요.

② 심장 통증을 호소하니까

그분이 계속해서 심장 통증을 호소했기 때문에

because he **kept** complaining of chest pain

문장 어순 그분이 계속 호소했기 때문에 / 심장 통증을 ❶[주절]+❷[부사절]

문장 도출

① keep+V-ing = 계속 ~하다

complain of+통증 = 통증을 호소하다 / chest pain = 가슴(심장) 통증

kept complaining of <u>chest pain</u>

= <u>심장 통증을</u> (계속해서) 호소했다

* ~~the~~ chest pain → 보통 질병 이름이나 -s로 끝나는 병명은 단수 불가산명사로 보기 때문에 관사를 사용하지 않아요.

예외적으로 일부 경미한 질병인 감기(cold), 두통(headache), 인후염(sore thorat) 등과 같은 질병은 가산명사로 취급하여 a/an을 함께 사용해요.

② ❶[주절: 판단한 내용]+❷[부사절: 판단의 이유]

I thought he could be having a heart attack <u>because he kept complaining of chest pain</u>.

= <u>그분이 계속해서 심장 통증을 호소했기 때문에</u> 저는 그분이 심장 마비를 일으킬 수 있다고 생각했어요.

▶ **because he** kept complaing of chest pain

= 그분이 (계속해서) 심장 통증을 호소했기 때문에

뒤로 넘어가서 의식을 잃은 시점에 흉부 압박을 시작했습니다.

그분이 뒤로 넘어가면서 / 의식을 잃었습니다. /
그래서 / 저는 흉부 압박을 시작했습니다.

He passed out as he was falling backward.
So I started doing chest compressions.

문장 어순 그분이 의식을 잃었다 / 그분이 뒤로 넘어가면서 / 그래서 / 나는 하기를 시작했다 /
흉부 압박을

문장 도출

① **pass out** = 의식을 잃다, 기절하다 (= faint)

fall backward(s) = 뒤로 넘어가다

as **he was falling** backward = 그분이 뒤로 넘어가면서 (*as 대신 while도 가능)

He passed out as he falling backward.

= 그분이 뒤로 넘어가면서 의식을 잃었다.

* 의식을 잃은 건 순간인 반면, 뒤로 넘어가는 동작은 상대적으로 길게 진행되기 때문에 [진행형]
  으로 표현

② **so** = (앞 문장에 대한 결과를 나타내어) 그래서, 그 결과

start+V-ing = ~하기 시작하다 / **do chest compressions** = 흉부 압박을 하다

* 여러 번 압박을 가하는 것이기 때문에 복수로 표현
  (참고로, CPR은 복수로 사용하지 않음 → do CPR)

So I started doing chest compressions.

= 그래서 나는 흉부 압박(하는 것)을 시작했다.

▶ He passed out as he falling backward. **So I started doing chest
compressions.**

= 그분이 뒤로 넘어가면서 의식을 잃었습니다. 그래서 저는 흉부 압박을 시작했습니다.

앞서 배운 내용을 토대로 영어로 써 보면서 제대로 이해했는지 점검해 보세요.

❶ 심정지가 올 수도 있겠다고 생각을 했었고

나는 생각했다

➡

그분이 심장마비(심정지)를 일으킬 수 있다고

➡

저는 그분이 심장마비(심정지)를 일으킬 수 있다고 생각했습니다.

➡

❷ 심장 통증을 호소하니까

그분이 계속해서 호소했기 때문에

➡

심장 통증을

➡

그분이 심장 통증을 계속해서 호소했기 때문에

➡

❶+❷ 저는 그분이 심장 통증을 계속해서 호소했기 때문에 심장마비를 일으킬 수 있다고
생각했습니다.

➡

❸ 뒤로 넘어가서 의식을 잃은 시점에 흉부 압박을 시작했습니다.

그분이 의식을 잃었다

➡

그분이 뒤로 넘어가면서

➡

그분이 뒤로 넘어가면서 의식을 잃었습니다.

➡

그래서 나는 하기를 시작했다

➡

흉부 압박을

➡

그래서 저는 흉부 압박을 시작했습니다.

➡

최대한 자연스럽게 영어로 말해 보기

MP3를 듣고 따라 하면서 내가 하는 말처럼 자연스럽게 메시지를 전달해 보세요. 🎧 25

❶ I thought he could be having a heart attack ❷ because he kept complaining of chest pain. ❸ He passed out as he was falling backward. So I started doing chest compressions.

___월 ___일 ☀ ☁ ☂ ☃

26 쓰러진 사람을 본 후 홀린 듯이 뛰어가 살렸어요

🔊 앵커 멘트   경찰관이 쓰러진 시민에게 심폐 소생술을 시도하는 상황을 목격한 한 병원 간호사가 구조를 도왔습니다.

🎙 인터뷰   퇴근길에 시민을 구한 간호사

나이트 근무하고 퇴근하는 길에 보니까 벌써 CPR을 치고 있는 상태였고 그냥 홀린

듯이 뭐 그냥 해야 할 일이니까...

한국어로 키워드 적어 보고 말해 보기

원문 내용을 사건순서/인과관계에 따라 키워드를 적어 보고 최대한 똑같이 한국어로 말해 보세요.

이해도 체크하기 √   문맥 상황 ☐   화자의 의도/핵심 포인트 ☐   행간 의미 ☐

영어로 작성해 보고 말해 보기

한국어 원문 메시지를 최대한 가까운 뜻의 영어로 작성해 보고 말해 보세요.

❶ 나이트 근무하고 퇴근하는 길에

❷ 보니까 벌써 CPR을 치고 있는 상태였고 [I saw+that절]

❸ 그냥 홀린 듯이 뭐 그냥 해야 할 일이니까... [주어+동사, beliving (that) ~]

on one's way back 돌아오는 길에   do CPR 심폐소생술을 하다   without hesitation (이것저것 상관없이) 바로

나도 말할 수 있는 영어로 스토리텔링하기

원문 메시지를 파악하고 영어로 표현하는 방식을 이해하면서 스토리텔링을 해 보세요.

 나이트 근무하고 퇴근하는 길에

직장에서 / 야간 근무를 끝내고 나서 / 집으로 돌어오는 길에

on my way back home from work
after finishing the night shift

문장 어순 집으로 돌아오는 길에 / 직장에서 / 야간 근무를 끝내고 나서 (❶+❷)

문장 도출

① on one's way back = 돌아오는 길에

on my way back home from work

= (내가) 직장에서 집으로 돌아오는 길에

* [한자어]는 한국어 뜻으로 풀기!

  퇴근하는 길에 → (일하고/직장에서) 집으로 돌아오는 길에

② night shift = (주야 교대제의) 야간 근무 (≠ working overtime = 야근)

* 한국어처럼 쓰는 [외래어]를 영어로 쓰지 않도록 주의!

  → 나이트 근무: night work (X)

    내 야간 근무: my night shift work (X)

after finishing the night shift

= 야간 근무를 끝내고 나서

▶ on my way back **home from work** after finishing the night shift
= 야간 근무를 끝내고 (나서) (직장에서) 집으로 돌아오는 길에

보니까 벌써 CPR을 치고 있는 상태였고,

▼

그분들(경찰관)이 이미 CPR(심폐소생술)을 하고 있는 것을 / 봤어요.

I saw they were already doing CPR.

문장 어순 나는 봤다 / 그분들(경찰관)이 / 이미 CPR을 하고 있는 것을

문장 도출

① I saw (that)+주어+동사(과거 진행형). = 나는 주어가 ~하고 있는 것을 봤다.

② do CPR = 심폐소생술을 하다

　　already = 이미, 벌써 (be동사 뒤, 일반동사 앞에 위치)

　　They were **already** doing CPR.

　　= 그들(경찰관)이 이미 CPR을 하고 있는 중이었다.

Tip 빠진 주어 찾아 넣기!

　　① 한국어에 빠져 있는 행위 주체인 주어를 반드시 밝혀 주기

　　② 화자와 청자 모두 앞서 언급된 행위자가 누구인지(= 경찰관) 알고 있기 때문에 대명사(they)를

　　　사용

Tip 맥락에 맞춰 정확한 동사를 찾은 후 시제 맞추기!

　　① CPR을 치고 있는 상태 → CPR을 하고 있는 중

　　② 해당 시점(과거)에 행위가 일어나는(진행) 중 → 과거 진행형으로 생생하게 행위 묘사

> ▶ I saw they were already doing CPR.
>
> = (저는) 그들(경찰관)이 이미 CPR을 하고 있는 것을 봤어요.

③ 그냥 홀린 듯이 뭐 그냥 해야 할 일이니까..

그게 제가 할 일이라고 믿으면서 / 주저 없이 /
그분들을 돕기 위해 / 무의식적으로(자동적으로) 뛰어들었어요.

I automatically rushed to help them without hesitation,
believing that it was my duty.

문장 어순 나는 무의식적으로 뛰어들었다 / 그분들을 돕기 위해 / 주저 없이 / 그게 내가 할 일
이라고 믿으면서

문장 도출

① automatically = 자동적으로, 무의식적으로, 절로

rush to+동사원형 = ~하기 위해 급속히 달려들다/뛰어들다

I automatically rused to help them.

= 난 그분들을 돕기 위해 무의식적으로 뛰어들었다.

② without hesitation = 주저 없이, 망설이지 않고, 바로

* 뭉뚱그려 말하는 한국어가 나올 때 당황하지 말고 문맥을 통해 핵심 포인트(gist) 잡으세요!
[그냥 홀린듯이] → [주저 없이 바로 / 정신이 그냥 팔려서]

I automatically rushed to help them without hesitation.

= 난 주저 없이 (바로) 그분들을 돕기 위해 무의식적으로 뛰어들었다.

② believe (that)+주어+동사 = ~라고 믿다 / duty = 할 일(직무, 임무)

절(주어+동사), believing that it was my duty

= (그게) 내가 할 일이라고 믿으면서, ~했다

* [~, believing]과 같이 [부대상황(동시상황) 분사구문]을 사용해서 연결된 동시 동작 표현하기

> I automatically rushed to help them without hesitation, believing that
it was my duty.
= (그게) 제가 할 일이라고 믿으면서, (전) 주저 없이 그분들을 돕기 위해 무의식적으로
뛰어들었어요.

앞서 배운 내용을 토대로 영어로 써 보면서 제대로 이해했는지 점검해 보세요.

❶ 나이트 근무하고 퇴근하는 길에

집으로 돌아오는 길에

➡

직장에서

➡

야간 근무를 끝내고 나서

➡

직장에서 야근 근무를 끝내고 나서 집으로 돌아오는 길에

➡

❷ 보니까 벌써 CPR을 치고 있는 상태였고,

나는 봤다

➡

그분들(경찰관)이 이미 CPR을 하고 있는 것을

➡

그분들(경찰관)이 이미 CPR을 하고 있는 것을 봤어요.

➡

❶+❷ 직장에서 야간 근무를 끝내고 나서 집으로 돌아오는 길에 그분들(경찰관)이 이미 CPR을 하고 있는 것을 봤어요.

➡

❸ 그냥 홀린듯이 뭐 그냥 해야 할 일이니까...

나는 무의식적으로 뛰어들었다

➡

그분들을 돕기 위해

➡

주저 없이

➡

그게 내가 할 일이라고 믿으면서

➡

그게 제가 할 일이라고 믿으면서, (전) 주저 없이 그분들을 돕기 위해 무의식적으로 뛰어

들었어요.

➡

MP3를 듣고 따라 하면서 내가 하는 말처럼 자연스럽게 메시지를 전달해 보세요.　　🎧 26

❶ On my way back home from work after finishing the night shift, ❷ I saw they were already doing CPR. ❸ I automatically rushed to help them without hesitation, believing that it was my duty.

PART 5

생활 의료

27 뺑소니 사고 후 삭신이 쑤셔요

___월 ___일 ☀ ☁ ☂ ⛄

> 🔊 앵커 멘트 경미한 교통사고일지라도 후유증에 유의해야 합니다. 신체에 큰 외상이
> 없더라도 신체 내부에 손상이 생길 수 있기 때문입니다.

> 🎤 인터뷰 뺑소니 당한 시민
> 1주일 전에 차 사고가 났는데 상대가 뺑소니 쳤어요. 처음엔 괜찮은 줄 알았는데
> 다음 날 일어나니 온 삭신이 다 쑤셨어요. 그런데 이제는 시도 때도 없이 어쩔 땐
> 아프고, 어쩔 땐 괜찮아요.

한국어로 키워드 적어 보고 말해 보기

원문 내용을 사건순서/인과관계에 따라 키워드를 적어 보고 최대한 똑같이 한국어로 말해 보세요.

이해도 체크하기 ✓   문맥 상황☐   화자의 의도/핵심 포인트☐   행간 의미☐

_____

_____

_____

영어로 작성해 보고 말해 보기

한국어 원문 메시지를 최대한 가까운 뜻의 영어로 작성해 보고 말해 보세요.

❶ 1주일 전에 차 사고가 났는데 상대가 뺑소니 쳤어요. [문장+and+문장]

_____

❷ (처음엔 괜찮은 줄 알았는데) 다음 날 일어나니 온 삭신이 다 쑤셨어요.

_____

❸ 그런데 이제는 시도 때도 없이 어쩔 땐 아프고, 어쩔 땐 괜찮아요.

_____

_____

drive away 도망가다   two days after ~ ~한 2일 후   random 일정치 않은   get pain 통증이 생기다

182

나도 말할 수 있는 영어로 스토리텔링하기

원문 메시지를 파악하고 영어로 표현하는 방식을 이해하면서 스토리텔링을 해 보세요.

 1주일 전에 차 사고가 났는데 상대가 뺑소니 쳤어요.

1주일 전에 / 차 사고가 났어요.
상대 운전자가 / 나를 치고 도망갔어요.

I had a car accident a week ago.
The other driver hit me and drove away.

문장 어순 차 사고가 났다 / 1주일 전에 / (그리고) 상대 운전자가 / 나를 치고 도망갔다

* 핵심 사건+동선 순서대로 내용 전달하기!

문장 도출

① have a car accident = 차 사고가 나다

a week ago = 1주일 전에 (*one week ago → [딱 1주 전에]라는 사실을 강조)

I had a car accident a week ago. = 1주일 전에 차 사고가 났다.

* 차 사고가 난 사실(have a car accident) 또는 사고가 난 시기(a week ago) 중 강조하고
자 하는 내용을 문장 앞에 두고 말하면 돼요.

② hit+대상 = ~를 치다

drive away = 차로 도망가다 (* hit-and-run = 뺑소니)

The other driver hit me and drove away.

= 상대 운전자가 나를 치고 도망갔다(→ 뺑소니를 쳤다).

* 한국어 원문에서 [사고가 났는데]는 앞뒤 정보의 상반 관계(but)를 의미하는 것이 아닌 사건의
흐름을 이어서 서술하는 and(그랬는데)를 의미해요!

▶ I had a car accident a week ago and the other driver hit me and
drove away.

= 1주일 전에 차 사고가 났는데 상대 운전자가 뺑소니 쳤어요.

---

2 (처음엔 괜찮은 줄 알았는데) 다음 날 일어나니 온 삭신이 다 쑤셨어요.

사고가 난 지 2일이 지나고부터 / 몸 전체에 /
통증을 느끼기 시작했어요.

Two days after the accident,
my whole body started to hurt.

문장 어순 사고가 난 지 2일이 지나고부터 / 몸 전체에 / 통증을 느끼기 시작했다
  *사족(핵심 메시지 전달에 불필요한 정보)은 가지치기!

문장 도출

① **숫자+day(s)+after+사건** = ~(사건)이 있은지 ~(일) 뒤부터
  two days after the accident
  = 사고(가 난 지) 2일 후/뒤 → 사고가 난 지 2일이 지나고부터

② **start to+동사** = ~하기 시작하다
  start to hurt/feel pain = 통증을 느끼기 시작하다
  * feel pain을 사용하여 [I started to feel pain all over my body.]라고 말할 수도 있지만
    ❸번 문장에 쓰인 pain의 중복을 피하기 위해 아래와 같이 표현했어요.
  My whole body started to hurt.
  = 온몸이(몸 전체에) 통증을 느끼기(아프기) 시작했다.
    → 온 삭신이 다 쑤셨다.
  * 한국어 원문에서 [처음엔 괜찮은 줄 알았는데 → ~ 그런데]는 앞서 살펴본 바와 같이 앞뒤 내용
    이 상반된 정보 관계(but)가 아닌 정보의 나열(연속성)인 and(그리고, 그랬는데, 그래서)의 개
    념으로 쓰였어요. 더불어 문장간 흐름이 충분히 읽힐 경우 매번 접속사 and로 명시해 줄 필요
    는 없어요.

▶ Two days after the accident, my whole body started to hurt.
  = 사고가 난 지 2일이 지나고부터 몸 전체에 통증을 느끼기 시작했어요.

그런데 이제는 시도 때도 없이 어쩔 땐 아프고, 어쩔 땐 괜찮아요.

이제 / 저(에게)는 / 콕 집어 말할 수 없는(= 정해지지 않은) 통증들이 있어요.

Now I get **random** pains.

문장 어순 이제 / 나(에게)는 / 콕 집어 말할 수 없는(정해지지 않은) 통증들이 있다

문장 도출

① get pain = 통증이 있다

　I get+형용사+pains. = 나는 ~한 통증이 있다.

② random = 일정치 않은, 무작위의

　* 한국어 원문에 쓰인 [시도 때도 없이 어쩔 땐 ~하다] → [무작위로 일정치 않게(정해지지 않은 채) ~하다]로 풀이할 수 있어요. 덧붙여 random은 [정해진 게 없는]이라는 핵심 의미를 내포하고 있으며, 본 문맥에서는 [콕 집어 말할 수 없고 시도 때도 없이] → [아무 때나]로 해석할 수 있어요.

　Tip 추상적인 한국어는 gist(요지)를 잡기!

　　gist를 잘 잡기 위해선 앞뒤 내용 상관관계/문맥 파악이 우선시 되어야 해요!

I get random pains.

= 저(에게)는 콕 집어 말할 수 없는(정해지지 않은 / 아무 때나) 통증이 있어요.

　→ 딱히 말할 수 없고 아무 때나 통증이 있어요.

▶ Now I get random pains.
　= 이제는 콕 집어 말할 수 없는(어쩔 땐 아프고 어쩔 땐 괜찮게) 통증이 있어요.
　　→ 이제는 아무 때나 아파요.

앞서 배운 내용을 토대로 영어로 써 보면서 제대로 이해했는지 점검해 보세요.

❶ 1주일 전에 차 사고가 났는데 상대가 뺑소니 쳤어요.

차 사고가 났다

➡

1주일 전에

➡

(그리고) 상대 운전자가

➡

나를 치고 도망갔다

➡

1주일 전에 차 사고가 났는데 상대 운전자가 뺑소니 쳤어요.

➡

❷ (처음엔 괜찮은 줄 알았는데) 다음 날 일어나니 온 삭신이 다 쑤셨어요.

사고가 난 지 2일이 지나고부터

➡

몸 전체에(온몸이)

➡

통증을 느끼기(아프기) 시작했다

➡

사고가 난 지 2일이 지나고부터 몸 전체에 통증을 느끼기 시작했어요.

➡

❸ 이제는 시도 때도 없이 어쩔 땐 아프고, 어쩔 땐 괜찮아요.

이제는
➡

저(에게)는 콕 집어 말할 수 없는(정해지지 않은) 통증들이 있다
➡

이제 나(에게)는 콕 집어 말할 수 없는 통증들이 있어요. (= 이제는 아무 때나 아파요.)
➡

최대한 자연스럽게 영어로 말해 보기

MP3를 듣고 따라 하면서 내가 하는 말처럼 자연스럽게 메시지를 전달해 보세요. 🎧 27

❶ I had a car accident a week ago and the other driver hit me and drove away. ❷ Two days after the accident, my whole body started to hurt. ❸ Now I get random pains.

28 통증이 점점 퍼지면서 심해져요

🔊 앵커 멘트 발목을 접질러서 통증을 느꼈다면 아무리 경미한 증상이라도 적절한 치료를 받아 보기를 전문의는 권장합니다.

🎤 인터뷰 발목 접질림 통증으로 괴로운 환자

어느 날 그냥 걸어가다가 발목을 삐끗했어요. 미끄러지거나 뭐에 걸려 넘어진 것도 아니었어요. 그때부터 계속 발목이 화끈거리면서 아팠는데 이젠 오른쪽 옆구리까지 통증이 느껴져요.

한국어로 키워드 적어 보고 말해 보기

원문 내용을 사건순서/인과관계에 따라 키워드를 적어 보고 최대한 똑같이 한국어로 말해 보세요.

이해도 체크하기 √ 문맥 상황☐ 화자의 의도/핵심 포인트☐ 행간 의미☐

영어로 작성해 보고 말해 보기

한국어 원문 메시지를 최대한 가까운 뜻의 영어로 작성해 보고 말해 보세요.

❶ 어느 날 그냥 걸어가다가 발목을 삐끗했어요. [주절+while절]

---

❷ 미끄러지거나 뭐에 걸려 넘어진 것도 아니었어요.

---

❸ 그때부터 계속 발목이 화끈거리면서 아팠는데 이젠 오른쪽 옆구리까지 통증이 느껴져요.

[현재완료 활용]

---

sprain one's ankle 발목을 삐다   feel a burning sensation 화끈거리다   go up to ~ ~까지 올라가다

나도 말할 수 있는 영어로 스토리텔링하기

원문 메시지를 파악하고 영어로 표현하는 방식을 이해하면서 스토리텔링을 해 보세요.

어느 날 그냥 걸어가다가 발목을 삐끗했어요.

어느 날 / 걷고 있던 중에 / 제 발목을 삐었어요.

One day, I sprained my ankle **while** I was walking.

문장 어순 어느 날 / 내 발목을 삐었다 / 걷고 있던 중에

문장 도출

① one day = 어느 날 / sprain one's ankle = 발목을 삐다, 접지르다

One day, I sprained my ankle. = 어느 날 내 발목을 삐었디.

② while+주어+be동사(과거)+V-ing = 주어가 ~하던 중에(~하는 동안에)

while I was walking = 내가 걷고 있던 중에 → 걸어가다가

Tip ① **단순 과거 vs. 과거 진행형**

단순 과거: 과거 한 시점에 어떤 행위가 일회성으로 끝난 상태

과거 진행형: 과거의 (지정된) 한 시점에 어떤 행위가 일어나고 있는 상태

② **when절 vs. while절**

when+주어+과거 진행형: 특정(콕 집는) 한 시점에서 한 가지 행동이 진행 중일 때

while+주어+과거 진행형: 두 가지 다른 행동이 동시에 일어나고 있는 상황에서 한 행동이

진행 중인 상태를 나타낼 때

→ I sprained my ankle while I was walking.

(걷고 있던 중에 발목이 접질린 상황)

> ▶ One day, I sprained my ankle while I was walking.
>
> = 어느 날 걷고 있던 중에 제 발목을 삐었어요.

❷

미끄러지거나 뭐에 걸려 넘어진 것도 아니였어요.

미끄러지거나 걸려 넘어지지도 / 않았어요.

I didn't even slip or trip.

문장 어순 나는 / ~하지도 않았다 / 미끄러지거나 걸려 넘어지지도

문장 도출

① 주어+did not **even**+동사. = 주어는 ~하지도 않았다. *even = ~(조차)도

slip **or** trip = 미끄러지거나 걸려 넘어지다 *or = (그것이) 아니면 → ~하거나

Tip **3가지 동사의 엄밀한 뜻 차이**

①slip: 미끄러져 넘어지다 → 표면에서 미끄러져 넘어지거나 넘어질 뻔하게 미끄러지는 모습, 자주 균형을 잃거나 발을 헛딛게 되는 모습

②trip: (~에) 걸려 넘어지다 → 발이 무언가에 걸려서 넘어지거나 넘어질 뻔하는 모습

③fall: 넘어지다 → 균형을 잃어 쓰러지거나 넘어지는 모습, 낮은 곳으로 떨어져 넘어지는 모습

* 위에서 3가지 동사의 차이점을 살펴본 바와 같이 엄밀한 뜻 차이를 구별하여 쓰지 않을 경우 그만큼 메시지의 정확도는 떨어져요.

→ 영어식 사고에서는 문맥에 맞게 구체적인 동사를 사용하여 그 정확도를 살려 주는 것이 실력!

▶ I didn't **even** slip or trip.

= (전) 미끄러지거나 걸려 넘어지지도 않았어요.

3 그때부터 계속 발목이 화끈거리면서 아팠는데
이젠 오른쪽 옆구리까지 통증이 느껴져요.

그때부터 계속 / 제 발목에 화끈거리는 통증을 / 느껴왔어요.
(그리고) 그 통증이 / 제 몸통 오른쪽까지 / 올라갔어요.

Ever since then, I have **felt a** burning **sensation** in my ankle,
and the pain **goes up to** the right side of my torso.

문장 어순 그때부터 계속 / 나는 느껴왔다 / 화끈거리는 통증을 / 내 발목에
그리고 그 통증이 / 올라갔다 / 내 몸통 오른쪽까지

문장 도출

① ever **since then**, 주어+have p.p. = 그때부터 주어는 ~해왔다

*ever = (~이후로) 계속/줄곧 의미 강조 / [그때부터 ~ 해왔다] → 현재완료시제 사용

feel a **burning** sensation **in**+신체 부위

= ~에 화끈거리는 통증이 느껴지다 → ~가 화끈거리다

Ever since then, I have felt a burning sensation in my ankle.

= 그때부터 계속 제 발목에 화끈거리는 통증을 느껴왔어요.

② go up to ~ = ~까지 올라가다 (≠ go to ~ = ~로 가다)

(right/ left/ middle/ back/ front/ up/ down) side of + 신체 부위

= ~(부위)의 ~쪽(부분)

torso = (팔다리를 제외한) 몸통

The pain goes up to the right side of my torso.

= 그 통증이 제 몸통 오른쪽까지 올라갔어요.

> ▶ Ever since then, I **have felt** a burning sensation in my ankle, **and the**
> **pain** goes up to the right side of my torso.
>
> = 그때부터 계속 제 발목에 화끈거리는 통증을 느껴왔는데, 그 통증이 제 몸통 오른쪽
> 까지 올라갔어요.

앞서 배운 내용을 토대로 영어로 써 보면서 제대로 이해했는지 점검해 보세요.

❶ 어느 날 그냥 걸어가다가 발목을 삐끗했어요.

어느 날

➡

내 발목을 삐었다

➡

걷고 있던 중에

➡

어느 날 걷고 있던 중에 제 발목을 삐었어요.

➡

❷ 미끄러지거나 뭐에 걸려 넘어진 것도 아니였어요.

나는 ~하지도 않았다

➡

미끄러지거나 걸려 넘어지지

➡

(저는) 미끄러지거나 걸려 넘어지지도 않았어요.

➡

❸ 그때부터 계속 발목이 화끈거리면서 아팠는데 이젠 오른쪽 옆구리까지 통증이 느껴져요.

그때부터 계속 나는 느껴왔다

➡

화끈거리는 통증을 내 발목에

➡

그때부터 계속 제 발목에 화끈거리는 통증을 느껴왔어요.

➡

그리고 그 통증이 올라갔다

➡

내 몸통 오른쪽까지

➡

그리고 그 통증이 제 몸통 오른쪽까지 올라갔어요.

➡

그때부터 계속 제 발목에 화끈거리는 통증을 느껴왔는데, 그 통증이 제 몸통 오른쪽까지 올라갔어요.

➡

최대한 자연스럽게 영어로 말해 보기
MP3를 듣고 따라 하면서 내가 하는 말처럼 자연스럽게 메시지를 전달해 보세요.   🎧 28

❶ One day, I sprained my ankle while I was walking. ❷ I didn't even slip or trip. ❸ Ever since then, I have felt a burning sensation in my ankle and the pain goes up to the right side of my torso.

29 눈을 다쳤는데 잘못될까 봐 무서워요

◀)) 앵커 멘트 사소한 부주의가 큰 사고로 이어질 수 있는데요. 특히 안경을 쓴 경우에는 안경에 찔리거나 안경이 깨지면서 2차 사고로 이어질 수 있어서 각별한 주의가 필요합니다.

🎤 인터뷰 안경이 깨져 눈을 다친 환자
벽에 부딪혀 안경이 깨져 왼쪽 눈이 찢어졌어요. 6바늘을 꿰매야 했어요. 흉터 연고를 매일 발라야 하고, 실밥은 8주 후에 풀어요.

한국어로 키워드 적어 보고 말해 보기
원문 내용을 사건순서/인과관계에 따라 키워드를 적어 보고 최대한 똑같이 한국어로 말해 보세요.

이해도 체크하기 ✓ 문맥 상황 ☐ 화자의 의도/핵심 포인트 ☐ 행간 의미 ☐

_____

_____

_____

영어로 작성해 보고 말해 보기
한국어 원문 메시지를 최대한 가까운 뜻의 영어로 작성해 보고 말해 보세요.

❶ 벽에 부딪혀 안경이 깨져 왼쪽 눈이 찢어졌어요. [when절+주절]

_____

❷ 6바늘을 꿰매야 했어요. 흉터 연고를 매일 발라야 하고, [문장+and+문장]

_____

❸ 실밥은 8주 후에 풀어요. [수동의 의미: 실밥이 빼내어지다]

_____

_____

bump into ~ ~에 부딪히다   get stiches (상처를) 꿰매(이)다   get A taken out A를 빼내(게끔 하)다

나도 말할 수 있는 영어로 스토리텔링하기

원문 메시지를 파악하고 영어로 표현하는 방식을 이해하면서 스토리텔링을 해 보세요.

벽에 부딪혀 안경이 깨져 왼쪽 눈이 찢어졌어요.

벽에 부딪혔을 때 / 안경알(렌즈) 중 한쪽이 깨져서 /
제 왼쪽 눈꺼풀을 베였어요.

When I bumped into the wall, one of the lenses of my glasses
broke and cut my left eyelid.

문장 어순 벽에 부딪혔을 때 / 안경알(렌즈)중 한쪽이 깨졌다 / 그리고 / 내 왼쪽 눈꺼풀을 베였다 * 사건의 인과관계 / 논리적 흐름 / 행간의 이미 찾기!

문장 도출

① bump into ~ = ~에 부딪히다

　when I bumped into the wall = 내가 벽에 부딪혔을 때

　* [벽에 부딪혀] → 본 문맥에서는 사건의 원인을 나타내기 보단 사건이 일어난 정황/상황을 밝
　히는 문구로 [when절+주절(일어난 사건)] = ~할 때 (어떠한) 사건이 일어났다]와 같이 [when
　절]로 표현하는 것이 자연스러워요.

② one of the lenses = 안경(알 중) 한쪽 알 / break = 깨지다

　cut one's left(right) eyelid = 왼쪽(오른쪽) 눈꺼풀을 베이다

　* [왼쪽 눈이 찢어졌다] → 실제 [안구=눈]이 아닌 [왼쪽 눈꺼풀/주변 피부가 베였다]는 것을 밝
　혀야 해요.

　one of the lenses of my glasses broke and cut my left eyelid

　= 안경 한쪽 알이 깨져서 왼쪽 눈꺼풀을 베였다

▶ When I bumped into the wall, **one of the lenses of my glasses broke
and cut my left eyelid.**

　= (내가) 벽에 부딪혔을 때 안경 한쪽 알이 깨져서 왼쪽 눈꺼풀을 베였어요.

②

6바늘을 꿰매야 했어요. 흉터 연고를 매일 발라야 하고

6바늘 꿰매임을 / 받아야 했고 /
흉터 연고를 / 매일 발라야 했어요.

**I had to get six stitches and
apply scar ointment every day.**

문장 어순 나는 / 받아야(만) 했다 / 6바늘(꿰매임)을 / 그리고 발라야 했다 / 흉터 연고를 / 매일
문장 도출

① had to+동사 = ~해야(만) 했다

stitch = 바늘땀 → get stiches = 꿰매임을 받다 (→ 꿰매다)

* [태(능동태/수동태) 구별하기 1]
[6바늘을 꿰매야 했다] → 한국어로는 능동으로 들릴 수 있지만, 영어 문맥에서는 [누군가(의사)로부터 내 찢어진 피부를 꿰매임을 받아야 했다]라는 수동의 의미로(get = ~을 받다/~하게 되다) 정확하게 메시지를 전달해야 해요!

I had to get six stitches.

= 6바늘 꿰매임을 받아야(만) 했어요. → 6바늘을 꿰매야 했어요.

② apply = (용도에 맞게/맞추어) 적용(활용)하여 쓰다

* 화장품/피부 연고 등을 바를 때 자주 사용, put on = ~을 피부에 바르다

scar ointment = 연고

I had to apply scar ointment(= put scar onintment on my skin) every day.

= 흉터 연고를 매일 발라야 했어요.

* 문장의 주어가 앞 문장의 주어와 동일한 경우, 반복되는 주어(I)+조동사(had to)는 생략한 후 아래 문장과 같이 and로 이어 주세요. (A+and+B 구조)

▶ I had to get six stitches and apply scar ointment every day.
= 6바늘을 꿰매야 했고 흉터 연고를 매일 발라야 했어요.

③ 실밥은 8주 후에 풀러요.

저는 / 8주 후에 / 실밥을 뽑게 될(빼내어지게끔 할) 거예요.

I am going to **get** the stitches **taken out** in eight weeks.

문장 어순 나는 할 것이다 / 실밥을 빼내어지게끔 / 8주 후에

문장 도출

① **take out** = 꺼내다, 제거하다(빼내다)

get+대상+taken out = ~을 빼내어지게끔 하다

get the stitches taken out

= (꿰맨) 실밥이 빼내어지게끔 하다 → 실밥이 뽑히게 하다

* [태(능동태/수동태) 구별하기 2]

한국어로는 [실밥을 풀다, 실밥을 뽑다]라고 표현하지만 본 의미는 실제 내가 직접 실밥을 뽑는 행위를 하는 것이 아닌 다른 사람(본 문맥상 의사)으로 하여금 실밥을 빼내게 되는 행위를 의미 해요.

② **in eight weeks** = 8주 후에

* [in+시간 = (지금부터) ~있다가 → ~후에]는 경과되는 그 시간 직후, 딱 그 시점(e.g. in 10 minutes, in 3 hours)을 의미해요. 반면 after(~후에) 뒤에는 보통 시간보다는 특정 시점/ 상황이 쓰여요(e.g. after school, after lunch).

▶ **I am going to** get the stitches taken out in eight weeks.

= 저는 8주 후에 실밥을 뽑게 될 거예요.

197

영어로 써 보면서 정리하기

앞서 배운 내용을 토대로 영어로 써 보면서 제대로 이해했는지 점검해 보세요.

❶ 벽에 부딪혀 안경이 깨져 왼쪽 눈이 찢어졌어요.

벽에 부딪혔을 때

➡

안경알(렌즈)중 한쪽이 깨졌다

➡

그리고 내 왼쪽 눈거풀을 베였다

➡

벽에 부딪혔을 때 안경알(렌즈) 중 한쪽이 깨져서 내 왼쪽 눈꺼풀을 베였어요.

➡

❷ 6바늘을 꿰매야 했어요. 흉터 연고를 매일 발라야 했고.

나는 6바늘(꿰매임)을 받아야 했다

➡

그리고 연고를 발라야 했다

➡

매일

➡

저는 6바늘을 꿰매야 했고 흉터 연고를 매일 발라야 했어요.

➡

❸ 실밥은 8주 후에 풀러요.

나는 실밥을 빼내어지게끔 할 것이다

➡

8주 후에

➡

저는 (꿰맨) 실밥을 8주 후에 뽑게 될 거예요.

➡

최대한 자연스럽게 영어로 말해 보기
MP3를 듣고 따라 하면서 내가 하는 말처럼 자연스럽게 메시지를 전달해 보세요. 🎧 29

❶ When I bumped into the wall, one of the lenses of my glasses broke and cut my left eyelid. ❷ I had to get six stitches and apply scar ointment every day. ❸ I am going to get the stitches taken out in eight weeks.

30 침대에서 떨어져서 기절했다 깼어요

🔊 앵커 멘트 가구에 부딪히거나 추락/낙상 사고 등 가정 내 어린이 안전사고가 매년 급증하고 있어 보호자의 각별한 주의가 필요합니다.

🎤 인터뷰 침대 낙상 사고 아이의 어머니

아이가 2층 침대에서 떨어져서 잠깐 기절했다가 바로 깨어났어요. 병원에 가서 애가 여러 가지 검사를 했는데, 결과는 괜찮지만 좀 더 지켜봐야 한대요.

한국어로 키워드 적어 보고 말해 보기

원문 내용을 사건순서/인과관계에 따라 키워드를 적어 보고 최대한 똑같이 한국어로 말해 보세요.

이해도 체크하기 ✓ 문맥 상황☐ 화자의 의도/핵심 포인트☐ 행간 의미☐

영어로 작성해 보고 말해 보기

한국어 원문 메시지를 최대한 가까운 뜻의 영어로 작성해 보고 말해 보세요.

❶ 아이가 2층 침대에서 떨어져서 잠깐 기절했다가 바로 깨어났어요. [사건 순서]

❷ 병원에 가서 애가 여러 가지 검사를 했는데, [태(수동/능동) 구별하기]

❸ 결과는 괜찮지만 좀 더 지켜봐야 한대요. [주어+said+that절]

fall from ~ ~에서 떨어지다   be knocked out 기절하다   test result(s) 검사 결과

나도 말할 수 있는 영어로 스토리텔링하기

원문 메시지를 파악하고 영어로 표현하는 방식을 이해하면서 스토리텔링을 해 보세요.

 아이가 2층침대에서 떨어져서 잠깐 기절했다가 바로 깨어났어요.

제 아들이 / 2층 침대 위에서 떨어져서 /
잠깐 의식을 잃었다가 / 정신이 돌아왔어요.

My son **fell from** the top bunk, and
he **was knocked out** for a minute before **coming to.**

문장 어순 내 아들이 떨어졌다 / 2층 침대 위에서 / 그리고 의식을 잃었다 / 잠깐 동안 / 정신이 돌아오기 전에

문장 도출

① fall from ~ = ~에서 떨어지다 / top(buttom) bunk = 2층 침대 윗층(아래층)

My son fell from the top bunk.

= 제 아들이 2층 침대 위에서 떨어졌어요.

> **Tip** 동사 fall과 함께 쓰이는 부사/전치사에 따라 동사가 의미하고자 하는 [방향의 그림]이 완전히 달라짐 → off: 뚝 떨어지는 모습, over: 포물선(떨어져 넘어가는) 모습, into: ~안으로 떨어지는 모습

② be knocked out = 기절하다 (= faint/pass out) / for a minute = 잠깐

come to = 돌아오다 → 문맥상 [제정신으로 돌아오다]라는 의미(= wake up)

*실제 원어민들은 knock out이 사용된 문맥에서 come to를 즐겨 사용해요.

He was knocked out for a minute before coming to.

= (아이가) 잠깐 의식을 잃었다가 정신이 돌아왔어요.

* [정신이 돌아왔다]를 [~, and he came to]로 할 수 있으나, 주어(he)가 동일하기 때문에 간단하게 [before coming to]로 표현했어요.

> ▶ My son fell from the top bunk, and he was knocked out for a minute before coming to.
>
> = 제 아들이 2층 침대 위에서 떨어져서 잠깐 의식을 잃었다가 정신이 돌아왔어요.

❷

병원에 가서 애가 여러 가지 검사를 했는데,

아이가 / (여러) 다른 검사들을 / 받았어요.

He **was given** different tests.

문장 어순 아이가(아들은) 받았다 / 다른 (여러) 검사들을

문장 도출

① be given = 주어지다, 받다 / different tests = 여러 가지 다른 검사들

He was given different tests.

= 아이는 여러 가지 다른 검사들을 받았어요.

* [태(능동태/수동태) 구별하기 3]

한국어로는 능동으로 표현되었지만 영어로 전달할 때 주객이 전도될 수 있는 숨어있는 행위의
주체자와 행위를 받는(당하는) 사람을 구별해야 해요!

→ [병원에 가서 아이가 여러 가지 검사를 했는데] = 아이가 스스로 검사를 한 능동의 의미가
아닌 검사를 받는 수동의 의미

→ by+행위자 생략: 아이는 병원에서 주어진 검사들을 받게되는 맥락상 당연하게 추측되는
행위자(의료진)는 굳이 밝히지 않아도 됨

* 참고로 [He have to go through different tests.]라고 표현할 수도 있어요. (여러 검사
절차를 걸쳐 받았다면 환자 입장에서 절차 한 단계씩 거쳐서 뚫고 가는 모습이 그려짐)

▶ He was given different tests.

= 아이는 여러 가지 다른 검사들을 받았어요.

3 결과는 괜찮지만 좀 더 지켜봐야 한대요.

그 의사가 / 검사 결과들은 괜찮지만 / 아이가 괜찮을지 어떨지
지켜봐야 하는 것들이 남아있다고 / 말했어요.

The doctor said that the test results were fine,
but it remains to be seen whether he will be ok.

문장 어순 의사가 말했다 / 검사 결과들은 괜찮다고 / 하지만 / 남아있다 / 지켜봐야 하는 것들이 / 아이가 괜찮을지 어떨지

문장 도출

① The doctor said+that+주어+동사. = 그 의사가 주어는 ~하다고 말했다.

the results of the tests = 검사 결과 / fine = 괜찮은

The doctor said that the test results were fine.

= 그 의사는 검사 결과가 괜찮다고 말했어요.

② remain to be done = ~할 상태로 남아있다

It remains to be seen.

= 그 상황은 보여지게 될 것들이 남아있다.

→ 지켜봐야 할 상태로 남아있다. / (상황을) 지켜봐야 한다.

* [태(능동태/수동태) 구별하기 4]

[좀 더 지켜봐야 한대요] → 한국어로는 능동으로 들리지만(need to see X) 해당 상황(= it 으로 지칭)이 관찰되어야 하는 수동의 의미를 나타내요.

③ whether+주어+동사 = 주어가 ~한지 아닌지

whether he will be ok

= 아이가 괜찮을지 어떨지 → 앞으로 정말 괜찮은지

> ▶ The doctor said that the test results were fine, but it remains to be seen whether he will be ok.
> = 의사가 검사 결과는 괜찮지만 아이가 괜찮을지 어떨지 좀 더 지켜봐야 한다고 말했어요.

앞서 배운 내용을 토대로 영어로 써 보면서 제대로 이해했는지 점검해 보세요.

❶ 아이가 2층 침대에서 떨어져서 잠깐 기절했다가 바로 깨어났어요.

내 아들이 떨어졌다

➡

2층침대 위에서

➡

그리고 아이가 의식을 잃었다

➡

잠깐

➡

정신이 돌아오기 전에(→ 정신이 돌아왔다)

➡

제 아들이 2층 침대 위에서 떨어져서 잠깐 의식을 잃었다가 정신이 돌아왔어요.

➡

❷ 병원에 가서 얘가 여러 가지 검사를 했는데

아이가 여러 다른 검사를 받았어요.

➡

❸ 결과는 괜찮지만 좀 더 지켜봐야 한대요.

그 의사가 말했다

➡

검사 결과들은 괜찮다고

➡

하지만 남아있다(= ~할 상태로 남아있다)

➡

지켜봐야 하는 것들이

➡

그가(아이가) 괜찮을지 어떨지

➡

그 의사가 검사 결과들은 괜찮지만 아이가 괜찮을지 어떨지 좀 더 지켜봐야 하는 것들이 남아있다고 말했어요.

➡

최대한 자연스럽게 영어로 말해 보기

MP3를 듣고 따라 하면서 내가 하는 말처럼 자연스럽게 메시지를 전달해 보세요.   🎧 30

❶ My son fell from the top bunk, and he was knocked out for a minute before coming to. **❷** He was given different tests. **❸** The doctor said that the test results were fine, but it remains to be seen whether he will be ok.

MEMO

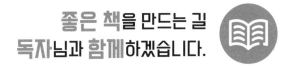

좋은 책을 만드는 길
독자님과 **함께**하겠습니다.

소피반의 쓸만한 영어 비밀과외 1교시

: 중학교 때 배운 영어만으로 전문 통역사처럼 말할 수 있는 30일 시크릿 가이드

초 판 발 행	2023년 10월 16일 (인쇄 2023년 08월 30일)
발 행 인	박영일
책 임 편 집	이해욱
저 자	Sophie Ban(소피 반)
영 문 감 수	Elizabeth Nicole Williams
기 획 편 집	심영미
표지디자인	하연주
편집디자인	채현주 · 임아람
발 행 처	시대인
공 급 처	(주)시대고시기획
출 판 등 록	제 10-1521호
주 소	서울시 마포구 큰우물로 75 [도화동 538 성지 B/D] 9F
전 화	1600-3600
팩 스	02-701-8823
홈 페 이 지	www.sdedu.co.kr
I S B N	979-11-383-5714-2(13740)
정 가	17,000원